心一堂術數古籍珍本叢刊

書名：命相談奇（虛白廬藏本）第八集
系列：心一堂術數古籍珍本叢刊　星命類　相術類　第三輯　318
作者：齊東野
主編、責任編輯：陳劍聰
心一堂術數古籍珍本叢刊編校小組：陳劍聰　素聞　鄒偉才　虛白盧主　丁鑫華

出版：心一堂有限公司
通訊地址：香港九龍旺角彌敦道六一〇號荷李活商業中心十八樓〇五—〇六室
深港讀者服務中心・中國深圳市羅湖區立新路六號羅湖商業大廈負一層〇〇八室
電話號碼：(852)9027-7110
網址：publish.sunyata.cc
電郵：sunyatabook@gmail.com
網店：http://book.sunyata.cc
淘寶店地址：https://sunyata.taobao.com
微店地址：https://weidian.com/s/1212826297
臉書：https://www.facebook.com/sunyatabook
讀者論壇：http://bbs.sunyata.cc/

版次：二零二一年六月初版
平裝

定價：港幣　九十八元正
　　　新台幣　四百五十元正

國際書號：ISBN 978-988-8583-92-8

香港發行：香港聯合書刊物流有限公司
地址：香港新界荃灣德士古道二二〇—二四八號荃灣工業中心十六樓
電話號碼：(852)2150-2100
傳真號碼：(852)2407-3062
電郵：info@suplogistics.com.hk
網址：http://www.suplogistics.com.hk

台灣發行：秀威資訊科技股份有限公司
地址：台灣台北市內湖區瑞光路七十六巷六十五號一樓
電話號碼：+886-2-2796-3638
傳真號碼：+886-2-2796-1377
網絡書店：www.bodbooks.com.tw
台灣秀威書店讀者服務中心：
地址：台灣台北市中山區松江路二〇九號一樓
電話號碼：+886-2-2518-0207
傳真號碼：+886-2-2518-0778
網絡書店：http://www.govbooks.com.tw

中國大陸發行　零售：深圳心一堂文化傳播有限公司
深圳地址：深圳市羅湖區立新路六號羅湖商業大廈負一層〇〇八室
電話號碼：(86)0755-82224934

心一堂微店二維碼

心一堂淘寶店二維碼

心一堂術數古籍 珍本叢刊 整理 總序

術數定義

術數，大概可謂以「推算（推演）、預測人（個人、群體、國家等）、事、物、自然現象、時間、空間方位等規律及氣數，並或通過種種『方術』，從而達致趨吉避凶或某種特定目的」之知識體系和方法。

術數類別

我國術數的內容類別，歷代不盡相同，例如《漢書·藝文志》中載，漢代術數有六類：天文、曆譜、五行、蓍龜、雜占、形法。至清代《四庫全書》，術數類則有：數學、占候、相宅相墓、占卜、命書、相書、陰陽五行、雜技術等，其他如《後漢書·方術部》、《藝文類聚·方術部》、《太平御覽·方術部》等，對於術數的分類，皆有差異。古代多把天文、曆譜、及部分數學均歸入術數類，而民間流行亦視傳統醫學作為術數的一環；此外，有些術數與宗教中的方術亦往往難以分開。現代民間則常將各種術數歸納為五大類別：命、卜、相、醫、山，通稱「五術」。

本叢刊在《四庫全書》的分類基礎上，將術數分為九大類別：占筮、星命、相術、堪輿、選擇、三式、讖諱、理數（陰陽五行）、雜術（其他）。而未收天文、曆譜、算術、宗教方術、醫學。

術數思想與發展——從術到學，乃至合道

我國術數是由上古的占星、卜筮、形法等術發展下來的。其中卜筮之術，是歷經夏商周三代而通過「龜卜、蓍筮」得出卜（筮）辭的一種預測（吉凶成敗）術，之後歸納並結集成書，此即現傳之《易

經》。經過春秋戰國至秦漢之際，受到當時諸子百家的影響、儒家的推崇，遂有《易傳》等的出現，原本是卜筮術書的《易經》，被提升及解讀成有包涵「天地之道（理）」之學。因此，《易・繫辭傳》曰：「易與天地準，故能彌綸天地之道。」

漢代以後，易學中的陰陽學說，與五行、九宮、干支、氣運、災變、律曆、卦氣、讖緯、天人感應說等相結合，形成易學中象數系統。而其他原與《易經》本來沒有關係的術數，如占星、形法、選擇，亦漸漸以易理（象數學說）為依歸。《四庫全書・易類小序》云：「術數之興，多在秦漢以後。要其旨，不出乎陰陽五行，生尅制化。實皆《易》之支派，傅以雜說耳。」至此，術數可謂已由「術」發展成「學」。

及至宋代，術數理論與理學中的河圖洛書、太極圖、邵雍先天之學及皇極經世等學說給合，通過術數以演繹理學中「天地中有一太極，萬物中各有一太極」（《朱子語類》）的思想。術數理論不單已發展至十分成熟，而且也從其學理中衍生一些新的方法或理論，如《梅花易數》、《河洛理數》等。

在傳統上，術數功能往往不止於僅僅作為趨吉避凶的方術，及「能彌綸天地之道」的學問，亦有其「修心養性」的功能，「與道合一」（修道）的內涵。《素問・上古天真論》：「上古之人，其知道者，法於陰陽，和於術數。」數之意義，不單是外在的算數、歷數、氣數，而是與理學中同等的「道」、「理」--心性的功能，北宋理氣家邵雍對此多有發揮：「聖人之心，是亦數也」、「萬化萬事生乎心」、「心為太極」。《觀物外篇》：「先天之學，心法也。……蓋天地萬物之理，盡在其中矣，心一而不分，則能應萬物。」反過來說，宋代的術數理論，受到當時理學、佛道及宋易影響，認為心性本質上是等同天地之太極。天地萬物氣數規律，能通過內觀自心而有所感知，即是內心也已具備有術數的推演及預測、感知能力；相傳是邵雍所創之《梅花易數》，便是在這樣的背景下誕生。

《易・文言傳》已有「積善之家，必有餘慶；積不善之家，必有餘殃」之說，至漢代流行的災變說及讖緯說，我國數千年來都認為天災，異常天象（自然現象），皆與一國或一地的施政者失德有關；下至家族、個人之盛衰，也都與一族一人之德行修養有關。因此，我國術數中除了吉凶盛衰理數之外，人心的德行修養，也是趨吉避凶的一個關鍵因素。

術數與宗教、修道

在這種思想之下，我國術數不單只是附屬於巫術或宗教行為的方術，又往往是一種宗教的修煉手段--通過術數，以知陰陽，乃至合陰陽（道）。「其知道者，法於陰陽，和於術數。」例如，「奇門遁甲」術中，即分為「術奇門」與「法奇門」兩大類。「法奇門」中有大量道教中符籙、手印、存想、內煉的內容，是道教內丹外法的一種重要外法修煉體系。甚至在雷法一系的修煉上，亦大量應用了術數內容。此外，相術、堪輿術中也有修煉望氣（氣的形狀、顏色）的方法；堪輿家除了選擇陰陽宅之吉凶外，也有道教中選擇適合修道環境（法、財、侶、地中的地）的方法，以至通過堪輿術觀察天地山川陰陽之氣，亦成為領悟陰陽金丹大道的一途。

易學體系以外的術數與的少數民族的術數

我國術數中，也有不用或不全用易理作為其理論依據的，如揚雄的《太玄》、司馬光的《潛虛》。也有一些占卜法、雜術不屬於《易經》系統，不過對後世影響較少而已。

外來宗教及少數民族中也有不少雖受漢文化影響（如陰陽、五行、二十八宿等學說。）但仍自成系統的術數，如古代的西夏、突厥、吐魯番等占卜及星占術，藏族中有多種藏傳佛教占卜術、苯教占卜術、擇吉術、推命術、相術等；北方少數民族有薩滿教占卜術；不少少數民族如水族、白族、布朗族、佤族、彝族、苗族等，皆有占雞（卦）草卜、雞蛋卜等術，納西族的占星術、占卜術，彝族畢摩的推命術、占卜術……等等，都是屬於《易經》體系以外的術數。相對上，外國傳入的術數以及其理論，對我國術數影響更大。

曆法、推步術與外來術數的影響

我國的術數與曆法的關係非常緊密。早期的術數中，很多是利用星宿或星宿組合的位置（如某星在某州或某宮某度）付予某種吉凶意義，并據之以推演，例如歲星（木星）、月將（某月太陽所躔之宮次）等。不過，由於不同的古代曆法推步的誤差及歲差的問題，若干年後，其術數所用之星辰的位置，已與真實星辰的位置不一樣了；此如歲星（木星），早期的曆法及術數以十二年為一周期（以應地支），與木星真實周期十一點八六年，每幾十年便錯一宮。後來術家又設一「太歲」的假想星體來解決，是歲星運行的相反，週期亦剛好是十二年。而術數中的神煞，很多即是根據太歲的位置而定。又如六壬術中的「月將」，原是立春節氣後太陽躔娵訾之次而稱作「登明亥將」，至宋代，因歲差的關係，要到雨水節氣後太陽才躔娵訾之次，當時沈括提出了修正，但明清時六壬術中「月將」仍然沿用宋代沈括修正的起法沒有再修正。

由於以真實星象周期的推步術是非常繁複，而且古代星象推步術本身亦有不少誤差，大多數術數除依曆書保留了太陽（節氣）、太陰（月相）的簡單宮次計算外，漸漸形成根據干支、日月等的各自起例，以起出其他具有不同含義的眾多假想星象及神煞系統。唐宋以後，我國絕大部分術數都主要沿用這一系統，也出現了不少完全脫離真實星象的術數，如《子平術》、《紫微斗數》、《鐵版神數》等。後來就連一些利用真實星辰位置的術數，如《七政四餘術》及選擇法中的《天星選擇》，也已與假想星象及神煞混合而使用了。

隨着古代外國曆（推步）、術數的傳入，如唐代傳入的印度曆法及術數，元代傳入的回回曆等，其中我國占星術便吸收了印度占星術中羅睺星、計都星等而形成四餘星，又通過阿拉伯占星術而吸收了其中來自希臘、巴比倫占星術的黃道十二宮、四大（四元素）學說（地、水、火、風），並與我國傳統的二十八宿、五行說、神煞系統並存而形成《七政四餘術》。此外，一些術數中的北斗星名，不用我國傳統的星名：天樞、天璇、天璣、天權、玉衡、開陽、搖光，而是使用來自印度梵文所譯的：貪狼、巨門、祿存、文曲，廉貞、武曲、破軍等，此明顯是受到唐代從印度傳入的曆法及占星術所影響。如星命術中的《紫微斗數》及堪輿術中的《撼龍經》等文獻中，其星皆用印度譯名。及至清初《時憲曆》，置閏之法則改用西法「定氣」。清代以後的術數，又作過不少的調整。

此外，我國相術中的面相術、手相術，唐宋之際受印度相術影響頗大，至民國初年，又通過翻譯歐西、日本的相術書籍而大量吸收歐西相術的內容，形成了現代我國坊間流行的新式相術。

陰陽學——術數在古代、官方管理及外國的影響

術數在古代社會中一直扮演着一個非常重要的角色，影響層面不單只是某一階層、某一職業、某一年齡的人，而是上自帝王，下至普通百姓，從出生到死亡，不論是生活上的小事如洗髮、出行等，大事如建房、入伙、出兵等，從個人、家族以至國家，從天文、氣象、地理到人事、軍事，從民俗、學術到宗教，都離不開術數的應用。我國最晚在唐代開始，已把以上術數之學，稱作陰陽（學），行術數者稱陰陽人。（敦煌文書、斯四三二七唐《師師漫語話》：「以下說陰陽人謾語話」，此說法後來傳入日本，今日本人稱行術數者為「陰陽師」）。一直到了清末，欽天監中負責陰陽術數的官員中，以及民間術數之士，仍名陰陽生。

古代政府的中欽天監（司天監），除了負責天文、曆法、輿地之外，亦精通其他如星占、選擇、堪輿等術數，除在皇室人員及朝庭中應用外，也定期頒行日書、修定術數，使民間對於天文、日曆用事吉凶及使用其他術數時，有所依從。

我國古代政府對官方及民間陰陽學及陰陽官員，從其內容、人員的選拔、培訓、認證、考核、律法監管等，都有制度。至明清兩代，其制度更為完善、嚴格。

宋代官學之中，課程中已有陰陽學及其考試的內容。（宋徽宗崇寧三年〔一一零四年〕崇寧算學令：「諸學生習……並曆算、三式、天文書。」「諸試……三式即射覆及預占三日陰陽風雨。天文即預

定一月或一季分野災祥，並以依經備草合問為通。」

金代司天臺，從民間「草澤人」（即民間習術數人士）考試選拔：「其試之制，以《宣明曆》試推步，及《婚書》、《地理新書》試合婚、安葬，並《易》筮法，六壬課、三命、五星之術。」（《金史》卷五十一・志第三十二・選舉一）

元代為進一步加強官方陰陽學對民間的影響、管理、控制及培育，除沿襲宋代、金代在司天監掌管陰陽學及中央的官學陰陽學課程之外，更在地方上增設陰陽學課程（《元史・選舉志一》：「世祖至元二十八年夏六月始置諸路陰陽學。」）地方上也設陰陽學教授員，培育及管轄地方陰陽人。（《元史・選舉志一》：「（元仁宗）延祐初，令陰陽人依儒醫例，於路、府、州設教授員，凡陰陽人皆管轄之，而上屬於太史焉。」）自此，民間的陰陽術士（陰陽人），被納入官方的管轄之下。

至明清兩代，陰陽學制度更為完善。中央欽天監掌管陰陽學，明代地方縣設陰陽學正術，各州設陰陽學典術，各縣設陰陽學訓術。陰陽人從地方陰陽學肄業或被選拔出來後，再送到欽天監考試。（《大明會典》卷二二三：「凡天下府州縣舉到陰陽人堪任正術等官者，俱從吏部送（欽天監），考中，送回選用；不中者發回原籍為民，原保官吏治罪。」）清代大致沿用明制，凡陰陽術數之流，悉歸中央欽天監及地方陰陽官員管理、培訓、認證。至今尚有「紹興府陰陽印」、「東光縣陰陽學記」等明代銅印，及某某縣某某之清代陰陽執照等傳世。

清代欽天監漏刻科對官員要求甚為嚴格。《大清會典》「國子監」規定：「凡算學之教，設肄業生。滿洲十有二人，蒙古、漢軍各六人，於各旗官學內考取。漢十有二人，於舉人、貢監生童內考取。附學生二十四人，由欽天監選送。教以天文演算法諸書，五年學業有成，舉人引見以欽天監博士用，貢監生童以天文生補用。」學生在官學肄業、貢監生肄業或考得舉人後，經過了五年對天文、算法、陰陽學的學習，其中精通陰陽術數者，會送往漏刻科。而在欽天監供職的官員，《大清會典則例》「欽天監」規定：「本監官生三年考核一次，術業精通者，保題升用。不及者，停其升轉，再加學習。如能黽勉供職，即予開復。仍不及者，降職一等，再令學習三年，能習熟者，准予開復，仍不能者，黜退。」除定期考核以定其升用降職外，《大清律例》中對陰陽術士不準確的推斷（妄言禍福）是要治罪的。《大清律例・一七八・術七・妄言禍福》：「凡陰陽術士，不許於大小文武官員之家妄言禍福，違者杖一百。其依經推算星命卜課，不在禁限。」大小文武官員延請的陰陽術士，自然是以欽天監漏刻科官員或地方陰陽官員為主。

官方陰陽學制度也影響鄰國如朝鮮、日本、越南等地，一直到了民國時期，鄰國仍然沿用着我國的多種術數。而我國的漢族術數，在古代甚至影響遍及西夏、突厥、吐蕃、阿拉伯、印度、東南亞諸國。

術數研究

術數在我國古代社會雖然影響深遠，「是傳統中國理念中的一門科學，從傳統的陰陽、五行、九宮、八卦、河圖、洛書等觀念作大自然的研究。……傳統中國的天文學、數學、煉丹術等，要到上世紀中葉始受世界學者肯定。可是，術數還未受到應得的注意。術數在傳統中國科技史、思想史，文化史、社會史，甚至軍事史都有一定的影響。……更進一步了解術數，我們將更能了解中國歷史的全貌。」（何丙郁《術數、天文與醫學中國科技史的新視野》，香港城市大學中國文化中心。）

可是術數至今一直不受正統學界所重視，加上術家藏秘自珍，又揚言天機不可洩漏，「（術數）乃吾國科學與哲學融貫而成一種學說，數千年來傳衍嬗變，或隱或現，全賴一二有心人為之繼續維繫，賴以不絕，其中確有學術上研究之價值，非徒癡人說夢，荒誕不經之謂也。其所以至今不能在科學中成立一種地位者，實有數因。蓋古代士大夫階級目醫卜星相為九流之學，多恥道之；而發明諸大師又故為惝恍迷離之辭，以待後人探索；間有一二賢者有所發明，亦秘莫如深，既恐洩天地之秘，復恐譏為旁門左道，始終不肯公開研究，成立一有系統說明之書籍，貽之後世。故居今日而欲研究此種學術，實一極困難之事。」（民國徐樂吾《子平真詮評註》，方重審序）

現存的術數古籍，除極少數是唐、宋、元的版本外，絕大多數是明、清兩代的版本。其內容也主要是明、清兩代流行的術數，唐宋或以前的術數及其書籍，大部分均已失傳，只能從史料記載、出土文獻、敦煌遺書中稍窺一鱗半爪。

術數版本

坊間術數古籍版本，大多是晚清書坊之翻刻本及民國書賈之重排本，其中豕亥魚魯，或任意增刪，往往文意全非，以至不能卒讀。現今不論是術數愛好者，還是民俗、史學、社會、文化、版本等學術研究者，要想得一常見術數書籍的善本、原版，已經非常困難，更遑論如稿本、鈔本、孤本等珍稀版本。在文獻不足及缺乏善本的情況下，要想對術數的源流、理法、及其影響，作全面深入的研究，幾不可能。

有見及此，本叢刊編校小組經多年努力及多方協助，在海內外搜羅了二十世紀六十年代以前漢文為主的術數類善本、珍本、鈔本、孤本、稿本、批校本等數百種，精選出其中最佳版本，分別輯入兩個系列：

一、心一堂術數古籍珍本叢刊

二、心一堂術數古籍整理叢刊

前者以最新數碼（數位）技術清理、修復珍本原本的版面，更正明顯的錯訛，部分善本更以原色彩色精印，務求更勝原本。并以每百多種珍本、一百二十冊為一輯，分輯出版，以饗讀者。後者延請、稿約有關專家、學者，以善本、珍本等作底本，參以其他版本，古籍進行審定、校勘、注釋，務求打造一最善版本，方便現代人閱讀、理解、研究等之用。

限於編校小組的水平，版本選擇及考證、文字修正、提要內容等方面，恐有疏漏及舛誤之處，懇請方家不吝指正。

心一堂術數古籍 珍本 整理 叢刊編校小組

二零零九年七月序

二零一四年九月第三次修訂

命相談奇

真人真事　不可思議

第八集

齊東野著

一九六四年十一月初版

命相談奇 8

定價：港幣一元六角

著作者：齋東野

出版者：宇宙出版社
香港活道十四號六樓

發行者：長興書局
香港皇后大道西三〇五號
吳興記報社
香港利源東街廿六號二樓
遠東文化有限公司
星加坡廈門街十九號

承印者：同興印務公司
香港廈門街二十三號

命相談奇

第八集

齊東野著

香港宇宙出版社印行

第八集目錄

一　林黛之死・泛論眼相與心相

影后林黛自殺與世長辭，當然是一件頗堪痛惜的事。不管是影迷不是影迷，也不論是相識的不相識的，有的是同聲一哭；有的是同聲一嘆，哭的是：像她這樣的地位、年齡、家庭，不該死而死，嘆的是：像她那樣聰明、自負、宗教，不該自殺而自殺！

自林黛死後，有很多讀者來信，問我林黛自殺有沒有命相上根據？她今年三十歲，就相上說有無必死的理由？又何以死於自殺，有沒有寃死之處？

有朋友告訴我說，有一個善看手相的某君，曾看過林黛小姐的掌紋的，他一聽見林黛自殺身故，慨然對人說，他要把家裏所有相書燒掉，因爲林黛的手相甚好，絕無自殺的惡相。

我說，林小姐的手相如何我不知道，但僅就眼相看，不善其終，卻有它的理由；若再就心相論，則更屬一種通俗相理爲衆人所熟聞的。因爲她的兩眼有「兇光」，她的性情又「暴躁」。眼有「兇光」或「露光」，屬於形象相理，研究相術的人才能知道；而性情「暴躁」或「躁急」，則屬於心情相理，我們都熟悉這通常被認爲「短命相」的一種。眼有兇光不是短命相，而是「橫死」或「暴死」相，林黛小姐竟兼此兩惡相，眞是不幸，太可惜了。

見過林黛或看過她的電影的人，不難發現她的兩眼有一道兇光，尤其當她沉思或發怒的時候。我相信和她親近的人，對她都有三分懼怕，也可能自己也說不出怕她甚麽，而使你怕她的就是那不會說話的兩眼光芒。

關於眼有光芒的相之所以不得其終的理由，簡言之有三種：一種是「光露」，卽是「才露」，才露招忌；二種是「光高」，卽是「權高」，權高招怨；三種是「眼兇」，卽是「性兇」，性兇招凶！所以，眼有光芒的人，就是有殺氣的人，不論男女，可能殺人，也可能自殺，男子外向性强，故常殺人；女子內向性强，故每多自殺。

眼有光芒的人，必有「才露」、「權高」和「性兇」三種事實，毫無疑義。如果是男子，這三種合起來必會「殺人」也必至「被殺」，最低限度「自殺」，其中最重要的還是「性兇」問題。

凡握有「生殺之權」的人，大都有性兇的毛病，所謂「殺人不眨眼」，所謂「刀下不留情」，此種人大都也是眼有兇光的人。但並不是說凡有生殺之權的人也遭橫死，必被殺或自殺；若是他只「才露」和「權高」而不「性兇」的話，他照樣也可得善終。舉古人的例說，諸葛亮也是一個眼中有光的人，他也才露、權高，握有生殺之權；但因他不會性兇，所以他仍是善終。何以知他性不兇呢？觀他的「揮淚斬高謖」，便可證明。歷史上所有被稱爲「福將」的，大都是握有生殺之權而性不兇的人。

現在再談到林黛小姐的問題。據報載的看來，林黛小姐做人似乎很好，尤其是友情深厚。只因她有「露光」的眼目，連帶的「才露」和「權高」也都有了。做一個電影明星尤其是登上影后的地位，其才不能不露那是必然的；再就幾個和她親近的人，有的說她「任性」是自殺之因，有的說死於「憤怒」，這便是平日權高所造成。

再就「性兇」問題說。所謂性兇，不一定指「兇暴」說，凡屬躁急或暴躁的行爲都屬性兇的一類。「殺人」當然的性兇，「自殺」也何嘗不是性兇呢？

平情而論，林黛的相是頗厚的，整個相來看也沒有「紅顏薄命」的表現，任誰也想不到她會自殺，祇是她「才露」、「權高」，難免有點自傲，偶不如意，就憤恨塡胸，結果出於自殺一途。假使她不是貴爲電影皇后，相信是不會出此下策的。因爲夫妻間吵鬧，本屬常事，動輒自殺，則一百個林黛也不夠死了。

至於林黛小姐此次之死是否「寃死」問題，我的答案是「寃死」。因爲凡屬不當死而死的都叫寃死，自殺本係寃死，而林黛不當自殺而自殺，更是寃死了！

我們就命理來說，命相的最大功用並不只是「死生有命，富貴在天」地在安命，而積極的功用是如何「君子問禍不問福」的在避凶趨吉。可惜過去林黛小姐沒有機會遇到工於看相而又善於勸善的人，勸告她不可太任性，否則可能此次不至於如此寃死！

「相由心生，相由心改！」我們希望眼有露光，心有惡念的人，能夠從心思和行爲去改相，則不特可以「避凶趨吉」，依古人的事例，行善之後，將惡相變爲福相，也是常有的。

二 影后林黛和阮玲玉的八字

自七月十七日一代藝人影后林黛自殺後，由報紙上所轉述平日與林小姐親近的人對她的性格以及過去曾經自殺的情形，閨房之內口角頻繁的種種事實，可以看出林小姐一生之所幸的是天生麗質，而所不幸的也是天生任性。

本着「談奇」之旨，上篇乃就林小姐的眼有「兇光」和性情「暴躁」兩點說的，過去和林小姐親近過的人，對此兩點，當有「不言而喻」的感覺；而一向未見過林小姐的人，在電影上也很容易看到她的眼中兇光，依相學上說，不是「殺人」便是「被殺」或「自殺」，也可能死於「橫禍」的。

但是，依命相上的事實說，雖然大約百分之八十五以上是「死生有定數」，而百分的十五卻可以「避凶趨吉」的。就相來說，有一句名言說：「相由心生，相由心改」，要想改相，就要從心情上改起，要好命，就要從行爲上好起。像眼有兇光的人，如果想改相，只要常常懷存喜樂心情，慈愛行爲，不發惱，不恨人，那兇光就會自然地退去，性情暴躁的人，比之改變兇光當更容易。

據許多認識林黛小姐的人都說，林小姐性情雖有「暴躁」之嫌，卻也有「忠厚」之美；而我們也覺得，林小姐的眼中雖有「兇光」之嫌，卻也有「甜蜜」之美。單就相而論，雖有「死於非命」之虞，則應當死於三十七八歲的眼運，不應該死於今年三十歲的額運，這就不能不使我有所存疑了。

因此，我曾托人去尋覓林小姐的八字。依我的經驗，命與相固然百分之九十以上是相同的，但也有百分之十是有出入的，甚至完全相反的，就是說，一個人在相貌上所表現的吉凶夭壽，在八字上所表現的也相同，但也有百分之十的人，八字與相貌不一致，其中有差異甚至完全不同的。

但有一事使我們堅信無疑的，如果八字和相局所表現的吉凶休咎是一致的話，那末就百分之百是無可改易的了。比如說，一個人如果有「兇死」的相，而八字上也有「兇死惡果」之象，那末此人便非死於非命不可了，而且一碰到險惡的流年，或去接近兇相的部分，就會出事了。

因爲相命上有此情形，所以我主張命相需要合參，而我自己對這兩方面也都曾發生過興趣也在此，爲着對林黛小姐之死有所存疑，便找到她的八字來看一看：

「林造，甲戌（一九三四）年，十二月二十六日（午時生）甲戌、丁丑、丙午、甲午。按：八字中木火占其七，丙火日元，雖失令於丑月，仍嫌烈性太過，加以兩刃，其人必任性、强頑，不爲『苦主』，卽爲『兇手』。今年歲運俱甲，梟印如林，火其焚矣。林小姐又死於六月初九丁卯日上午，無死之必要，竟然弄假成眞，吁！可畏哉，命運也！」

關於林小姐的命理五行道理，觀此批斷，已可瞭然。有的八字不容易看，而林小姐的八字很容易看出它的五行造化道理的。

這八字也可以作一個典型的命例，在這裏順便對不懂命理的人略說其中大意：林小姐的八字是「甲戌、丁丑、甲午。」「丙午」就是代表她自身，丙午在五行上是極盛之「火」，而「丁、午、戌」也是火，「甲」是「陽木」，正可生火。就八字來說，因火旺極，所以性情必然强頑、暴躁無疑。

因有此「烈火」的性情，所以她的性格是過份的「明朗」與「倔强」；而也就難免「任性」與「暴躁」了。因爲這性格是「極端」性，所以她的爲人，就像嚴俊的評語：

「熱起來像團火，冷起來像塊冰」了！

就五行來說，既嫌火太旺，就需要「水」和「金」來調節火氣，而最忌「木、火」再來加熾焚身，所以她的行運和流年都喜歡水和金，而忌木和火了。

今再就林黛小姐過去的行運說，因爲她的五行喜水，所以應在十八歲至二十七歲的「乙亥」北方水運這十年爲最佳。事實上呢，林黛在這十年中，始由「翠翠」一片一炮發紅，接着「金蓮花」、「貂蟬」、「千嬌百媚」、「不了情」等而獲得一共四屆亞洲電影皇后的榮銜，以迄一九六一年她二十七歲結婚。這情形，這事實，誰敢說不是命運安排呢？若不是命運，那就當依常理論。

就依常理論罷，她既有此種世界電影史上空前的榮譽，也正在如花似玉的年華，當有更進步的成就才是，可是這數年來卻常在閨房中過着時常吵鬧的生活，乃至於因小事而輕生呢？原來又是命運的問題了。

前面已經說過，她的命運忌「火」與「木」，而「甲」則是火的「陽木」，而林小姐自二十八歲卻行「甲戌」，更不幸的，今年在甲運中又逢「甲辰」流年，在她的命和運裏，成了兩個火，四個木，欲使此火不焚身，實屬不可能的事了！惜哉！惜哉！

不過，今年林小姐縱然不死，後歲「丙午」年恐怕要更慘的，這次的死後哀榮，也許還是由於她爲人忠厚的所致。

現在我還想和命理專家們商討一個純命理的問題，一九五一（辛卯）十二月八日下午林小姐曾有過吞食安眠藥自殺一次，而去歲「癸卯」甲運卻又得子，除以子平命理解釋外，似與「納音五行」也有關係：

國爲「辛卯」是納音「木」，而「癸卯」則是納音「金」。

再就林小姐的後運說，她除二十八歲至三十八歲「甲戌」這十年是壞運外，自三十八歲至六十三歲，這二十五年才是她所喜的金水運，還沒有走到，將作如何說法呢？

就一般命理說，這身後的好運，應有兩種情形：一種是她本人身後馳名於世；一種是她的後人因蒙她的福蔭而發達。現在林小姐既生前馳譽於世了，則將福蔭其遺孤龍宗翰於長成，那是無疑的了。愛惜林小姐的人，也但願如此。

由於林黛是一個年青的影后而輕生，不能不使四十歲以上的許多平日對電影有興趣的人，記起一九三五年在上海服毒自殺的當年默片時代頭等影星阮玲玉其人其事。

自林黛小姐輕生之後，已有人說及關於阮玲玉的往事。但沒有人就命相上說，而阮玲玉小姐的八字更不是大家知道的。當上月報上我看見有人寫到林黛小姐三十歲自殺，而二十年前在上海自殺的阮玲玉也是三十歲時，我想起當時阮玲玉好像沒有三十歲；於是我翻開所存的命譜一看，原來阮玲玉自殺時只有二十六歲。她是一九一〇年生的，一九三五年三月八日自殺的。

林黛小姐從影十三年而有輝煌的成就，而阮玲玉小姐從影僅十年，成就似乎不亞於林小姐，因爲當年沒有「影后」評選，所以她當時只有「頭等明星」的冠冕而已。林黛於十三年中共演電影三十九部，而阮玲玉在十年共演電影二十九部，雖然少演十部，然而，阮玲玉所扮演的許多不同身份，不同性格，不同年齡，不同職業，不同命運的婦女形象，如小家碧玉、農村婦女、老婦、尼姑、婢女、妓女、乞丐、姨太太、交際花、賣花女、歌女、舞女、女作家等等的形形色色的人物，維肖維妙，活靈活現，亦屬難得的天才，所以至今大陸仍有複製再版她的作品在海內外發行的，計有五部之多。

我之所以把林黛和阮玲玉並論的理由，主要的當然以命理爲據。命理只是理，事實爲證自更重要。先就事實說，兩人有許多事實相同：一是同爲天生麗質的美人；二是同係自幼離父隨母的女兒；三是同爲妙齡從影的明星；四是同係稱霸影壇的女傑；五是同係似錦年華自殺；奇妙的是六，同是因夫妻不睦而自殺；更奇妙的是七，同係以前曾經一次服安眠藥企圖自殺；還有一個八，那就是同是生前飲譽，身後哀榮。

就身後哀榮一事來說，阮玲玉似乎比林黛有過之無不及。引一段記載當年的情形是這樣說：「一九三五年的三月八日早晨，這位天才橫溢，光芒四射的默片時代的表演藝術家的阮玲玉服毒自殺。消息傳了出來，立卽震動了全電影界、全上海、全中國。治喪處設在英租界萬國殯儀館，上海市民，聞訊而來，途爲之塞。瞻仰遺容的，九日那天，已近萬人，十日十一日，總計三日不下六萬餘人。十四日出殯下葬，由電影界名流舉昇靈櫬，所經路途，萬人空巷，義花墓地，人山人海，總計數十萬人，阮女士受人愛戴情況可見一斑。」

阮玲玉女士原籍廣東，是前清宣統二年（一九一〇）四月廿六日亥時在上海出生，她的八字是「庚戌、辛巳、己亥、乙亥」，這八字和林黛的「甲戌、丁丑、丙午、甲午」，只有「戌」字相同，也就是兩人同是肖「犬」的，其他七字完全不同。不過就命理（五行强弱等）上看，兩人卻有許多相同的地方。

兩人最重要的不同，就是林黛小姐本身是「丙火」而且是「陽性」的火「太旺」的火；而阮女士本身是「己土」，而是「陰性」的土，「太弱」的土，因此兩人個性完全不同：一個是「剛」，一個是「柔」；一個是「任性」「暴躁」，一個是「軟弱」「柔順」；一個是因閨房小口角對丈夫「示威」而兒戲自殺，一個是因婚姻缺陷對丈夫「示弱」而委曲自殺了。能知命理的人，這兩人的八字，一比較就會發現奇妙的道理而發生興趣，尤其是兩人的個性確有截然的、顯著的不同。不懂八字的人很容易不相信在八字上可以看出那一個人的個性來。這也好像一個年輕的人，對於年老的人能够從一個人的面貌可以看出其性情，覺得十分奇怪一樣。

當年阮玲玉的自殺，在寫給她的母親和她同居的唐某信中均有「人言可畏」之語，因而她母親阮何氏在報端發表了一篇「爲亡女阮玲玉生前與張達民經過之事敬告各界」的文字，替阮女士作死後的辯白。所辯白的當然是針對所謂「人言可畏」之事說的。何事「人言可畏」呢？那就是她的同居前夫張達民，向她和她當時同居的唐季珊敲詐，一面向法院控告她與唐同犯重婚罪，一面又利用小報說她如何邪淫下流。

從她的兩封遺書，可以看出她完全死於張達民之手。爲着說明阮玲玉命理上的奇妙處，要引用她母親的告各界書和她自己的遺書作爲主要資料。先引她母親的文字：

「憶先夫逝世，玲玉年方六歲，以家貧，携女出外傭工爲活，因念世界潮流，無論男女，非有知識不能自立，故於玲八歲時，乃將勤苦所得積蓄，送入崇德女校肄業。光陰易逝，轉眼之間，玲年十六。是年六月，該校演戲，適張達民來觀，見玲驚爲天才，藉故與相識，嗣後數月，百般勾引，卒以年輕意志薄弱，遂被誘奸。」

從這段她母親所敍述的文字中，可以看出阮玲玉女士幼年三件大事：第一件大事是她六歲喪父，隨母爲傭；第二件大事是她八歲入崇德女校肄業；第三件大事是她十六歲被張達民所誘奸。現在再看她的兩封遺書：

其一：「我現在一死，人們一定以爲我是畏罪；其實我何罪可畏？因爲我對於張達民沒有一樣是對他不住的地方。別的姑且不論，就拿我和他臨脫離同居的時候，還每月給他一百元，這不是空口說的話，是有憑據和收條的。可是他恩將仇報，以怨來報德，更加以外界不明，還以爲我對他不住。唉！那有甚麽辦法呢？想之又想，惟有一死了之罷。唉！我一死何足惜，不過還是怕人言可畏，人言可畏罷了，阮玲玉絕筆。二十四年（註：即民國二十四年，亦即一九三五年，歲次乙亥年）三月七日午夜。」

其二：「我不死不能明我寃，我現在死了，總可以如他心願，你雖不殺伯仁，伯仁由你而死，張達民，我看你怎樣逃得過這個輿論。你現在總可以不能再誣害唐季珊，因爲你已害死了我啊！」

從這兩封信可以着出兩件事：一件是她完全死於張達民之手；一件是她死於二十六歲，乙亥年。再引阮母文中一節關於阮玲玉從影生活轉好的情形這樣說：

「玲年十九，由明星公司轉入民生公司（卽聯華公司第一廠）服務，曾一度赴北平拍戲，事畢返滬，張又欠外債數百元。玲給以三百元，始爲之淸償。玲自入聯華後，月薪三百元，且另有酬勞，故家用均玲自支持，復因張賦閒，玲遂向聯華公司覓得光華戲院職務。」這裏可以看出，阮玲玉十九歲那年起，地位和收入都轉好。

另有一個地方，敍述阮玲玉身世並從影歷史的這樣說：阮女士原籍廣東香山，一九一〇年生於上海，乳名鳳根，父爲機械工人，家貧。六歲喪父，母出爲傭，八歲入私塾，學名玉英，九歲改入小學……一九二六年十七歲，考入明星影片公司爲演員，始用今名，踏上電影之路。首次主演影片爲「掛名夫妻」，一舉成名。在二年中，接連主演「北京楊貴妃」、「血淚碑」、「洛陽橋」、「白雲塔」等片，自覺未展所長，求進心切，遂於一九二八年自動轉入大中華百合影片公司……併成爲聯華公司，爲基本成員。

現在根據這些文字上所記載的事實，回頭來做阮玲玉命理上奇妙的說明，阮玲玉八字是「庚戌、辛巳、己亥、乙亥」，前面已經說過，她是身弱的「己土」，而那個「乙亥」，在五行上是有力的「陰木」，在六親上就是她的「夫星」。乙亥既是木，木是尅土的東西，對於弱土更是爲害，因此，依此八字的命理論，阮玲玉應是每逢「乙」年是不利的，而六親中，夫星對她最爲不利。

同時，她既是弱土，就需要「土」來幫身，又因五行道理「火」爲生土之物，所以她也需要火。天干中甚麽代表火土呢？「丙、丁」是火，「戊、己」是土，也就是說，阮玲玉每逢「丙、丁、戊、己」的流年是有利的。

現在根據這道理來核對一下她的短短二十六歲一生的行運。她是一九一〇年出生，依中國年齡說，她六歲喪父那年，所逢的是「乙卯」年；十六歲那年，她被張達民（同居的前夫）誘姦，所逢的是「乙丑」年；而她二十六歲自殺那年，死於因與唐季珊同居而被張達民威脅之手的，又是逢到「乙亥」年。阮玲玉一生所逢的就是這三個「乙」年，第一個乙年六歲，自幼喪父，第二個乙年十六歲，被人誘姦，而第三個乙年二十六歲，自殺身亡，這鐵一般的事實，誰再敢說這不是命理的關係，誰就比笨鐵更愚拙了。

上面已經說過，阮玲玉的八字是最怕「乙」木，而所喜則是「丙、丁」火和「戌、己」土。現在再根據上面所轉載的記述，如她的母親告各界書，和其他敍述她從影的略歷看，她一個隨母爲傭的女孩子，由那年開始走上好運，何年更進步，何年成名呢？

根據她母親的所述：「因念世界潮流，無論男女非有知識不能自立，玲八歲時，乃將勤苦所得積蓄，送入崇德女校肄業。」而另一人所述的，則說：「阮女士……一九一○年生於上海……六歲喪父，母出爲傭，八歲入私塾，學名玉英，九歲改入小學」，這樣看來，阮玲玉的就學總是在八、九歲兩年之事了。

阮玲玉出生的一九一○年是「庚戌」年，八歲是「丁己」年，九歲是「戊午」年，命運就是這樣奇怪的事，她能去讀書就在這「丁火」和「戌土」的流年，豈不奇妙嗎？

再說阮玲玉開始從影之年，依記載是這樣說：「至一九二六年，年方十七，無力續學，遂考入明星影片公司爲演員，始用今名，踏上電影之路。首次主演之影片爲「掛名夫妻」，一舉成名。在二年中，接連主演「北京楊貴妃」、「血淚碑」……。這所謂年方「十七」，考入……等等以至「在二年中」，到底是甚麽流年呢，原來十七歲是「丙寅」年，十八歲是「丁卯」年，正是火年。

又據記載，說她『自覺未展所長，求進心切，遂於一九二八年，自動轉入大中華百合影片公司，接連主演「珍珠冠」、「情慾寶鑑」、「刦後孤鴻」、「婦人心」、「九龍山」、「銀幕之花」等六片；至一九三〇年，大中華百合與民新公司、華北公司、上海影戲公司合併成爲聯華影業公司，她卽參加，爲基本成員之一。從此如魚得水，大展所長，出類拔萃，藝震影壇。』

這裏所說的一九二八年，至一九三〇年，就是阮玲玉十九歲至二十一歲，也就是「戊辰」、「己巳」和「庚午」三年，戊辰與己巳兩年都是土年，庚午則是火年。至於所謂「從此如魚得水」，則是她開始走「己卯」運，「己」是土，她的本身也就是「己亥」，卽所謂「幫身」運，所以便「出類拔萃，藝震影壇」了。

然而，所不幸的是這「己卯」運頭五年的「己」是土運，雖於她有利；而後五年的「卯」運是「木」運，是她八字五行所忌的東西，所以二十六歲那年又逢「乙亥」，「亥卯」又合木，三月八日那天又是陰曆的二月，亦卽「卯月」，所以這默片時代的銀壇之花，便難逃大數了。

從這兩位影壇之后的八字看，又可以發現一個奇妙的命理，就這林黛小姐因爲本身是「烈火」，所以她的輕生並非被迫，且是以兒戲迫人；而阮玲玉女士因爲她本身是「弱土」，所以她的輕生便完全出於被迫了。

凡看過阮玲玉影片的人，都覺得她的形相、姿態、個性和林黛小姐是兩個型的人，我在上海時只見過阮玲玉本人兩次，時間很匆促，不曾留意她有無「死於非命」之相。不過相有明相與暗相兩種，她很可能有橫死的暗相，所以一時不容易看出的，林黛小姐那就屬於明相了。

三　馮玉祥仇殺徐樹錚・腦後見腮

民國十四年冬，倒戈將軍馮玉祥在廊坊所仇殺的徐樹錚，乃江蘇的一個有名才子，亦民國初年全國聞名的一個有魄力、有手腕的大政客。他是江蘇省蕭縣人，號又錚，才氣蓋世，倜儻不羈，文武兼長，任性傲物，早年因聰明過人，爲段祺瑞所賞識，官費保送日本士官學校肄業，學業超羣，成績卓著，畢業後歸國，以師禮事段祺瑞，追隨左右，一則學習處事，一則乘時獻策。

此君天資卓越，讀書過目不忘，才情橫溢，斷事胸有成竹，而又擅長文字，下筆萬言，倚馬可待，實爲當時難得的人物。當他由日本回國之際，正是袁世凱當政之時。段祺瑞曾被任爲國務總理，因他謀斷兼擅，尤能高瞻遠矚，所以段氏倚重他，視同左右手，後來他也被任爲國務院秘書長要職，對我國參加第一次世界大戰，主張甚力。

有一個李先生是徐樹錚日本士官學校的同學，今年已經八十多歲了，前幾天拜訪他時，曾談起民國初年北京的政事，說到段祺瑞與袁世凱、黎元洪政治上的磨擦時，傍及徐樹錚在日本士官軍校時一二趣事，也涉及他的命運問題，富有趣味，也極奧妙，亦足見日本人對於中國相術研究有素。

徐氏在日本讀書時只二十幾歲。因爲他的體格短小，極似日本人，學校放假時在東京居住便經常穿日本和服出門，一則可以隨便到他所要到的地方走走，不致被日本便衣警察所注目；二則他本是才子風流，希望能有更多機會和日本少女接觸，爲的是當時日本閨秀女子對中國男子不甚有好感，而下女之流則又當別論。

但是，無論他如何向日本女子賣力，仍交不到閨秀名媛，不久急不暇擇，依然和其他中國人一樣，只交上一個下女，不過那下女美貌多姿，確有閨秀之風，他就讓她穿上閨秀名媛的裝束，時常招搖過市，聊以自慰罷了。

有一天，他們倆到一個雜耍的地方玩，裏面有看日本相的，有看印度相的，也有看中國相的。那個日本下女請他去看看日本相，她的目的在看看他們兩人他日是否可以成爲夫婦，下女當然願意嫁給他，因爲她知道徐氏乃官費留學士官學校生，畢業後回國就會當起軍官的。

徐樹錚是一個絕頂聰明的人，當然知道下女看相是這個目的，自己心中明白，無意娶她為妻，何必多此一舉，被看相的說破了，豈不是當場彼此反得個沒趣嗎？因此他就不贊成看相。說是他不相信日本看相，要看就看中國相，為甚麽他這樣說呢？因為他看見那個下女所要看的那位日本看相先生的姓「五十嵐」，而這位下女的母舅也是姓「五十嵐」，他怕她和這位看相的相熟，也許前兩天和他說好了，教他怎樣說，勸他和她結為夫妻，不宜作朋友。

同時，徐氏以為日本人看中國相總是不會太高明的，而他自己又相信極像日本人，就像冒充是一對日本年青的夫婦，請別個日本人用中國相法看看他倆夫婦的前途如何，因為他知道看中國相的，不特給中國人看，有很多日本人也喜歡看中國相的。於是他們兩人一男一女就冒充為正式夫婦，走進了一家招牌是「馬場十郎」的中國看相館去。

徐氏用極流利的日本話對十郎說：「請你給我們夫妻兩人看看幾時才能生孩子？有幾個兒子？幾個女兒？頭胎是先生男還是生女？」

「你們是日本人，何以不去看日本相而喜歡看中國相呢？」看相先生馬場十郎說：「你們以前看過中國相沒有？」

「看過的，」徐樹錚隨口騙他說：「前年我曾到過中國北京，在北京看過中國相；

但不知是否因爲我是日本人，他們看不準，說我去年該生孩子，而我到了今年還沒有兒子，所以今天要請你替我們再詳細看看。」

「你前年曾去過北京嗎？在那一家看過相的？」馬場十郎很得意地說；「我前幾年曾去過北京的，也曾遊過天橋和東安市場，我也向他們領教過的！」

這看相日本佬表示他對於中國相曾跑過江湖，在北京且向有名的相師領教過，當然不愧在東京掛牌看中國相，也表示歡迎他們倆。

接着，馬場十郎就先看徐樹錚的相，再看看那個下女的相。

「哎啊，你們兩人只是露水夫妻，不是結髮曾經洞房花燭的！」

馬場十郎不特能看中國相，也學會了許多中國相的術語，說起話來眞不愧是一個中國相的老相師似的。「你家裏不是另有一個自幼結過婚的妻子嗎？」

看相佬馬場十郎說了這話之後，徐樹錚還不覺有甚麼難爲情，而那個和他有同居之愛的下女卻臉紅了，她低頭沒有話說，在等聽徐樹錚的回話。

「你雖然把我的前運看不準，這也不用再說了；我需要知道的是後運，希望你能把我的後運斷得準。」徐樹錚就如此輕描淡寫地應付了過去。

這時候，那位下女名叫安藤幸子的就偷偷向徐氏看了一眼，而這位看相佬馬場十郎卻在這時候從徐氏的眉髮之際以及他剛才說話的語勢，婚姻的情形，看出他不是日本人而是中國人。徐氏進入相館時報名渡邊文彥，於是馬場十郎就對他說：「渡邊先生，你是中國人不是日本人。」

下女安藤幸子暗笑起來，徐氏也不能不笑了。他對看相佬說：「是不是我的日本話說得還不到家嗎？」

馬場十郎笑笑說：「這責任應由你的好友安藤幸子負擔，她沒有教你講好。」

接着安藤幸子就對徐氏說明其中的一句話，動辭應用錯了，那不是日本話的語勢而是中國話的語勢。

「我之所以斷定你不是日本人，倒不單是根據這句話的語勢，我是就你的相上看出來的。」馬場十郎說：「依你的相看，你應該是一個聞名的才子，如果你是日本人，你的相片早就在新聞紙上被我所認識的了，所以我斷定你是一個中國有名的男子，你至今仍得一個貴人的幫助。」

此時徐氏只好默然無語承認了。

「是的，」徐氏說：「才子佳人，中國的才子配日本的美人對嗎？」他又向安藤幸子看了一眼。「配得的，此時剛剛配得好！」

馬場十郎說：「你再過幾年，便要大出風頭，而且握有生殺之權的。」

徐氏聽了，佯言道：「我現在早稻田大學讀法律，過幾年畢業回國當起法官，確然有點生殺之權，但當法官的不會有風頭可以大出的，你未免太勉勵我了！」

「我看你的相，將來你是當武官爲主的，所以我敢斷定現在不是讀早稻田大學，而是讀士官學校的。」馬場十郎又說：「不過，因爲你的鼻與顴不相配，所以雖有其名而無其實，實際的軍權並不高。所好你的眉高於耳，你此生名氣很大，而最大的毛病則是恃才傲物，災禍難免，愼之，愼之！」

徐樹錚聽見馬場十郎如此說法，就表示懷疑的說：「你剛才說我軍權不高，這不是前言不對後語了嗎？如果實際的軍權不高，我的生殺之權又從那裏來的呢？」

「你的生殺之權並不在戰場上，而是在政治舞台上。若是在戰場上，那是最顯赫的生殺之權，而你的相格不合此種權力，所以我說你災禍難免的！」馬場十郎又說：「你三十歲前後就有顯要的軍職，但始終沒有實權，三十五歲之後將由軍職轉入政務，並有財權，這十年當是你全盛時代，四十六歲之後，最好能勇退林下，當可免於災禍，否則就在這一年內，恐有非常的橫逆，無可幸免的。」

此時徐氏才二十多歲，膽壯氣盛，不知災禍橫逆是甚麼一回事，只聽見自己三十歲後就有顯要的軍職就已夠自喜了，所以他當時不注意這個問題。不久他日本士官學校畢業回國，段祺瑞正在掌握陸軍大權的時候，果然不久就被升任爲陸軍次長的顯要職位，這是民國初年袁世凱當大總統時的事，當時段祺瑞可稱爲老牌的陸軍總長。

本來徐氏既係一個恃才傲物的人物，對於命運之說不肯相信，因爲如果一相信了命運，自己就不能恃才，就不能傲物了。所以他平日是不談命運之事的，不特他不肯相信命運，心中實有反抗命運的意念，因爲他在日本時那個馬場十郎看相先生曾說他實際軍權不高，現在果然充其量也只當個陸軍次長，並無實權也無實力。

因爲當時北洋政府完全是軍閥兼官僚的組織，第一講資歷，第二講年齡，第三才講才幹，而徐樹錚雖有磅礡的才氣，而資歷和年齡都不夠老，在段祺瑞的陸軍老總長的扶持之下，充其量只能當一位次長，任何各部的總長都大有老資格的人在，絕不會輪到徐樹錚身上的。

到了民國五年初，袁世凱的「洪憲帝制」將傾之際，要借重陸總段祺瑞的支持，就請由段氏出任國務總理。徐樹錚是一個善於掌握機會的人，他就向段氏獻策，說是過去四年袁氏當政，所有國務總理、內閣各部總長都是仰承袁氏的鼻息，現袁氏倚重我們，我們應當借此機會建立名符其實的責任內閣。這建議當爲段氏所採納。

當時北京中央政府有兩個最高機構：一個是總統府，一個是國務院，也就是今日的總統府和行政院一樣。國務院中除各路總長外，可以代表總理權力的則是國務院秘書長那也是順理成章的事，而段氏平日也以徐氏爲左右手，自亦同意他出任國務院秘書長之職的。不過，國務院秘書長以及各路總長，都是由國務總理提請總統任命的，事前當然需要先徵求大總統袁世凱的同意，就當時的情形，袁世凱既需要借重段祺瑞支持殘局，這事當不成爲問題。

徐樹錚雖然不相信命運之事，而段祺瑞本人以及左右的人卻都相信命運，每年或每次有新事情發生，都有人替段氏去算算命，前兩次段氏組閣時也不例外，所以此次段氏左右也把段氏和徐氏的八字拿去算算，這是民國五年春間的事。

很奇怪，算命的說，段氏組閣可成，而徐樹的國務院秘書長卻不成，說是從命理看來，此時有人和他爭奪，必須等到夏間才能有成，那年徐氏是三十七歲。因爲他們倘段氏若是升任國務總理，他的被任爲國務院秘書長那是無疑之事，那有不成之理？於是他記起前在日本時那位日本看相先生馬場十郎，也說過他三十六七歲之後要從軍職轉入政務，現今在逢其時，無論命理事理都沒有任何理由說段氏可成而他不成之理。於是他認爲算命不如看相，因爲看相所說的和今年事實相符。

事情眞是奇妙，袁世凱雖然任命段祺瑞爲總理，卻決意任命袁氏的機要秘書王式通爲國務院秘書長，用以監視段氏；所以當段祺瑞使教育總長張國淦把段氏欲任徐樹錚的國務院秘書向袁氏表示時，袁世凱郎拒絕說：「這太不成話，軍人總理，軍人秘書長，文人椅子，盡被跨東洋刀的人佔去了！」

接着袁氏對張國淦說：「請你爲我轉語芝泉（段氏別號），徐樹錚乃軍事人才，命其回陸軍次長任可也。」

這是段祺瑞第一次想任徐樹錚爲國務院秘書長不成功的情形。到了此時，徐氏又相信算命卻比看相更靈了。但是，徐氏對算命所說此時有人爭奪不成，要等到夏間可成的話又不相信；因爲王式通一任秘書長，絕不會在三四個月內會更動的。

然而，奇怪的事情又在後面發生。袁世凱的帝制於民國五年三月廿二日宣告結束，袁世凱去世。接着是副總統黎元洪繼任大總統，仍任命段祺瑞爲國務總理，以張國淦爲農商總長兼總統府秘書長。

此時王式通既去，段氏又欲任徐樹錚爲國務院秘書長，徐樹錚的恃才傲物，亦爲黎元洪所畏，他叫張國淦轉告段氏，說是：「總理提出任何人我皆能依，惟此一事，斷斷難行。」

張國淦不欲府院之間因此事發生齟齬，就往找曾任國務總理的徐世昌向黎氏疏通，徐世昌向黎氏說時，黎氏仍有難色，徐世昌就說：「公畏徐樹錚跋扈嗎？然而段芝泉已夠跋扈了，再多一個跋扈也何妨？我意以爲任何事尙可不依芝泉，惟此一事，則不能不依。」

黎元洪原是一個忠厚的人，不欲觸怒段氏，便依了徐世昌的勸告，乃於六月間明令任徐樹錚爲國務院秘書長了。這一來，不得不使徐氏對於命相之事感到驚奇了。十年前日本人看相說的話在在兌現了，四個月前北京算命的話也靈驗了。誰能想得到，在這短短的三四個月之間，政局會有這樣大的變化呢？沒有這大變化，他的秘書長那可成呢！

因爲這樣大的事竟然在命相上都註定了，便使徐樹錚再記起日本看相佬之言，說他從三十五至四十五歲這十年、是一生全盛的時代，又說他四十六歲有橫逆、有災禍，就想如有機會再請中國的看相先生看看，到底和日本人所說的是否一樣。因爲他在北京是一個政要，算命和看相先生都認識他，當然也不便以一個國務院秘書長出入命相館，於是他利用去天津的機會，到租界裏去找看相館。

有一天，他化裝一個姓林的商人身份，進入天津一個看相館名叫金鐵口的，問看相先生所經營的生意可否成功，這生意可以做幾久，將來的發達情形如何？

金鐵口把他看了一下，就對他笑臉地說：「林先生，你的相將是主貴不是主富，爲商不宜，理宜從政，如果從政，你該是一個一品高官；若是從商的話，那也是官商合辦的機構，你也當係那機構總裁一類的最高職位。總之，你是貴格不是富格，是因官辦商不是在商言商的。」

徐樹錚聽見這金鐵口所說的雖然大體上已經對了，似乎還有一些江湖的口氣，於是便進一步問道：「不管是貴格或是富格；且問這生意可以做得好嗎？將來發展如何？」

此時金鐵口似乎已進一步確定了徐氏的相局，就說：「依我看來，你這生意必是政治上的生意，不是商業上的生意。我不是說過你該是總裁之類的官職嗎，當然這事已經成功了的。不過，這事情卻做得不會長久，在一年之內就要更動的，而且在人事上必有多少痲煩，甚不如意。」

依當時政局不定的情形觀察，這金鐵口的話可能成爲事實的，所以徐氏就繼續問：

「那末，依你看，我此人將來應是從商爲宜還是從政爲宜呢？而我的事業和壽命又是如何呢？其中有無甚麽意外之事呢？」

「明年你三十八歲，將有新事業，後年三十九歲，將操生殺之權，三十九、四十歲以後，又有新局面，這時將會經營生產事業，直到四十六歲。」金鐵口接着說：「恭喜你，你的名高於位，權重於職，有子成才，克紹箕裘！」

這所說的大體上和以前日本人所說的差不多，而所指的年歲及事情似乎更確定些，因而徐氏對金鐵口只說他到四十六歲止頗有敏感，因爲這也是日本人所說的災禍年齡，於是他就問：「何以你只說我到四十六歲止，是否是四十六歲那年有甚麽事故，會有甚麽災難嗎？」

「是的，」金鐵口說：「三十九歲那年，是你一生最有權位之年；而四十六歲那年卻也是你一生最艱難的一年。」

「有性命危險嗎？」徐樹錚問。

「有！」金鐵口爽脆地答：「不過，相書上說，爲善可以改相，希望你在三十九歲那年能作些善事，到八年之後，當能把你的兇相改掉的；否則你四十六歲那年最好離開政海，韜光養晦才是。」

徐樹錚看他所說的竟然如此確定，就說：「我的兇相到底在那裏呢？人們都只說我有傲相，並不說我有兇相。」

金鐵口答道：「是的，傲相原也是兇相之一，而你卻不只傲骨，且兼兇相，所以危險恐是難免的，除非你能在這幾年中行大善。」他又解釋說：「至於你的兇相，乃因你的兩腮有骨突出，這在相書上叫做『腦後見腮』。」

「腦後見腮是甚麽意思？」徐樹錚問：「這是短命相還是惡死相呢？」他這話卻問得金鐵口有些難於答覆了。

徐氏看見金鐵口有口難以爲言之色，便笑笑地說：「我是一個相當豁達的人，死生有數，隨便說說是不要緊的，你只管就相論相，信不信由我，請你只管說。」

於是金鐵口就說：「依相理言，這並非夭壽，而是不得善終的相；不過，相由心生，相由心改，如果能够時懷善心，常行善事，任何惡相也都可以改善的，所以我說你應當多多行善，則幾年之後便可改相了。」

徐樹錚在天津談相大抵如此。到了第二年，徐氏在國務會議席上，提出四省會剿李烈鈞一案，內務總長孫洪伊極力反對，徐竟然不待閣議通過，先將會剿電文發出，孫洪伊和當時總統府秘書長均擬辭職，因而發生總統府與國務院中間的不和，也更增加了黎元洪與段祺瑞中間的齟齬。

這事既造成大總統與國務總理的不和，情形就十分嚴重，大家都把此事歸咎於徐樹錚的跋扈。於是有國會議員褚輔成等提案彈劾徐樹錚之事。這樣一來，府院之間裂痕愈深了，最後乃由徐世昌入京進行調解，終以孫洪伊和徐樹錚同時免職，結束此案。此時徐樹錚自己想不到，天津算命先生所預先斷言此事不久要變化，竟然應驗了。

徐氏免職之後，仍爲段祺瑞內閣的幕後人物，當時世界第一次大戰發生，徐氏既力主參戰，段祺瑞便決定成立模範軍，就以徐氏主持其事，並與日本成立有名的「西原借款」，所有槍械皆由日本供給，這就是算命所謂他的新事業了。

到了民國七年，是徐氏三十九歲，他依當時情勢看不出自己會有甚麼好機會能像算命所說的一生最有權位而又有生殺之權的。但是，春間時局突然變化，直系皖系因討伐西南問題，裂痕漸露，皖系與奉系合作，奉軍忽以聲討馮玉祥爲名，開入京津一帶，在軍糧城設立奉軍總司令部，以徐樹錚爲副司令，這眞是出他意料之外了。

馮玉祥是直系的主幹軍隊，當時爲直系秘密奔走反段祺瑞的，是與馮玉祥有舅甥之親的陸建章，徐氏既是段氏的死黨，嫉恨陸建章刺骨，便於六月十五日把陸氏誘去天津把他以「與亂黨勾結」的罪名殺害了，算命所謂徐氏三十九歲有生殺之權，原來指此。

翌年是徐氏四十歲，六月間段祺瑞政府派徐氏爲「籌邊使兼西北邊防總司令」。徐氏富有活力，政治手腕高明，到任數月，是年十一月，外蒙取消自治，依附北京，段祺瑞乃歸功於徐氏，又畀以督辦外蒙善後事宜的職權，於是徐樹錚即設立殖邊銀行，創辦墾牧公司，這一切都應驗了命相的預言。

民國九年，徐樹錚四十一歲，那年春天二月初九日段祺瑞生日前幾天，有人對他說，今年正月替段氏算過新年命，今年段氏時運不利，夏秋之間政局將有變化，明年此日恐怕不是段氏的世界，所以大家要在今年段氏壽辰之日，齊集北京歡祝一下，商量對付時局的辦法，未雨綢繆，方是上策。

因此徐樹錚於段氏生日過後幾天，到天津去處理殖邊銀行事務，自己曾化裝到一家瞎子算命那裏去算命。奇怪，算命的竟說他今年下半年將有大變動，一切事業均付東流，他原是說替別人算的，所以他問瞎子，所謂事業是甚麽事業？

瞎子說：「此君的事業乃軍政兼權，十年來也可說是一帆風順，雖有小挫折，仍屬得意，但今年卻是大挫折了，七月以後，當政政亂，掌兵兵敗，理財財破，所幸命不當死，殺身之禍尚可幸免。」

「殺身之禍尚可幸免嗎？」徐樹錚看見瞎子算命語氣十分堅定，接着又問：「你看我這位朋友這次失敗之後，還有東山再起之日嗎？今後也還有殺身之禍嗎？」

算命的瞎子答道：「有，他這兩件事都有；會有東山再起之日，也會有殺身之禍之日！」

瞎子說了之後，似乎恐怕本人在場，便又轉個彎說：「不過，積德可以延年，行善可以解災，只要他能行善積德，殺身之禍也未嘗不能免的。」

「如果不能免的話，他的殺身之禍將在何年呢？」徐氏又說：「我這位朋友並非惡人，何以有殺身之禍呢？」

「那與惡人善人無關，因爲此君才氣太高，膽量太大，才高招忌，膽大招禍。你說他不是惡人，但你不能說他沒有仇怨，如果有仇怨，那末殺身之禍就難免了。至於將來殺身之禍應在何年，依八字來看，當在四十六歲的冬天，你當勸他，四十六歲夏天起宜避去南方，或可能免。」

瞎子算命這一說，卻把徐樹錚愣然了，算命的竟然和看相的一樣說法，這就未免太奇怪了。他原以爲看相是有物爲據的，算命是無物爲憑的，何以兩者竟然能夠說的一樣呢？現在算命和看相的都說他四十六歲有殺身之禍了，他想這老命既然沒有多久了，爲甚麽不儘這幾年的機會，在政治舞台上大幹一下呢？

於是他回到北京時，就向段祺瑞建議要拼全力把當時以段祺瑞爲中心的所謂「安福系」强大起來，所謂「安福系」有人望文思義以爲是「安徽」和「福建」的政團，其實只是「安」徽之「福」的意思，乃當時袁世凱死後北洋軍閥的兩大系之一，一是「直系」，乃以「直隸」（河北）省軍閥馮國璋爲中心，而曹錕、吳佩孚則掌握軍隊實力；一個則是「皖系」，乃以「安徽」省的軍閥段祺瑞爲中心，重要的人物有王士珍、許世英、賈德耀、靳雲鵬、曹汝霖、王揖唐、徐樹錚等人，其中以徐年最輕，才氣最大，直皖兩系人物，最後只許世英一人，今年已九十五歲，最近亦已去世了。

但是，無論安福系的人才出衆，勢力雄厚，一個主腦人物段祺瑞（長許世英七歲）一個才氣最大年齡最小的徐樹錚（少段氏十六歲），兩人的命運註定今年不利，就讓他們怎樣拚其全力，也無法挽回惡運。

那年秋間，直系軍閥曹錕，爲着對抗皖系軍閥的勢力膨脹，便與奉系張作霖（張學良的父親）聯絡，竟然通電宣佈安福系禍國，要求北京政府徐世昌總統免段祺瑞國務總理之職，解散安福系，並罷免徐樹錚西北籌邊使及邊防總司令等職務。這樣一來，直皖兩系便公開決裂了。

徐樹錚看見張作霖與曹錕合作反段，甚爲憤怒，有一天他埋怨段祺瑞說：「前三年我有機會殺張作霖，你偏不許我殺，現在卻留他和曹錕合作了。」

段氏笑道：「當時你主張把他引入關，又想把他殺掉，於情於理是說不過去的；我們做的是國家天下事，不是做私人的事。你當時把陸建章殺掉，已是不對，他是馮玉祥的至戚，所以我當時賻陸家屬五千元，並恢復馮玉祥原職，又授以勳位，爲的無非要平馮玉祥的氣，我那能再允許你無故殺張作霖呢？你若有本事，現在可以把他殺掉的！」

原來當民國六年徐樹錚爲着振作段祺瑞的權力，曾把張作霖引進關內，駐守京津一帶。當時張作霖任總司令，徐樹錚任副司令，原屬合作。不久因皖系部隊與奉系軍隊的指揮權限問題，張作霖與徐樹錚發生齟齬，徐氏竟欲以殺陸建章的手段對付張作霖，事先當然要向段祺瑞報告，段祺瑞是一個大人物氣派，痛斥徐氏不該作此打算。

但是，徐樹錚此人實在夠跋扈，他依然打算暗殺張作霖。張作霖也是一個相當機警的人物，而且不久以前陸建章的被殺，張作霖也深以徐氏輕舉妄動爲非。他既與徐氏發生意見衝突，奉軍當時仍屬客軍地位，當然對徐氏暗中有所防範，使徐氏無從下手。

有一天，張作霖來謁見段氏，適徐樹錚在座，徐氏一見張作霖，面有慍色。而張作霖則以老奸巨滑的笑臉對之，笑臉之中則帶有輕視的顏色，段氏深知徐樹錚的個性，膽大氣盛，敢作敢爲，於是當張作霖辭退時，他親自送至大門外，而以右手向背後頻頻搖擺，以示不可妄動，徐氏乃不敢下手。張去後，段氏回顧徐氏，知道他身上所佩的手槍早已子彈上膛了。於是段氏變色斥責徐樹錚說：「大丈夫意見不合，可以兵戎相見，但不可以暗箭傷人！」

因爲前三年有了這回事，所以當徐樹錚聽見張作霖與曹錕合作反段時，便埋怨段祺瑞當年阻止他不殺張作霖之過。其實，據後來有人知道，當日徐樹錚要殺張霖之事，後來也被張作霖所知，所以此時張作霖與曹錕合作反段，實際上是反徐，因爲段氏太親信重用徐樹錚。

民國九年七月，果然應驗了天津瞎子算命的話，時局起了大變，繼曹錕與張作霖聯名通電反段之後，直系方面的軍隊，以吳佩孚爲總司令，分爲三路，東路總指揮曹瑛，西路總指揮王承斌，中路指揮由吳佩孚本人自兼，興兵不宣而戰，向皖系軍進迫了。於是皖系方面就不能不對直系用兵自衛，皖系軍方面以段祺瑞爲總司令，也分爲三路，東路總指揮徐樹錚，西路總指揮曲同豐，中路總指揮陳文運，便三路同時下令與直系展開戰鬭了。

直系與皖系戰爭展開後，皖軍出馬不利，西路軍總指揮曲同豐有謀無勇，與直系西路軍總指揮王承斌一經接觸就敗下來了。起初兩天，徐樹錚的東路軍在楊村地方還打個勝仗，依當時情形看，皖系的直系的實力並不分甚麼上下，而段祺瑞個人地位則遠在吳佩孚之上，所可惜是段祺瑞和徐樹錚二人那年都是時運不利之年，情形就有意外的變化了。

最奇怪的變化就是當徐樹錚在楊村打勝仗的時候，不料黑㮽林殺出李逵來，奉軍竟然加入爲直系助戰，（奉軍原是三年前徐樹錚引狼入室，欲以擴張皖系的聲勢，現在竟成敵人反助直系，最奇怪的，這次奉軍幫助直系軍打皖系，過了兩年卽民國十一年（一九二二），竟然又有直奉戰爭，而且奉軍大敗，張作霖被逐出關外，照此情形看來，此次奉軍之所以助吳佩孚打皖系軍，完全關於命運了。

這樣一來，軍事形勢大爲轉變了，直系士氣大振，因爲那時在京津一帶的奉軍乃唯一的第三勢力，舉足輕重，誰得到奉軍之助，誰便得勝，那是明如觀火，因此段祺瑞的實力在六天之內便被直軍打得落花流水了。

徐樹錚此人本是一個才識寬宏而又有膽量的人，加以他事先知道自己和段祺瑞的命運今年失利，而以後又有東山再起之日，同時也知道自己今年雖是惡運，政治上失敗，卻不至有殺身之禍，因而他雖於兵敗之際，仍能從容不迫辦理善後之事，眞不失爲一個出奇的人物。

當直軍乘勝逼近北京都門的時候，也就是當日下午城破的日子，那天早晨徐樹錚還穿一件白夏布長衫（徐氏平日喜着中裝，那時正是盛夏，當時北京人士喜穿白夏布），坐一部敞蓬汽車，出宣武門到他所主持的殖邊銀行，提取現款，又轉車到琉璃廠舊書店償還他個人的書賬，因爲徐氏喜讀古書，常在琉璃廠舊書店選購書本的。

那時北京城中人都知道皖軍已被直軍打敗，而且直軍快要進城了，所以當他到琉璃舊書店還賬時，書店老板大爲愕然。

老板說：「這小事，此時何勞督辦大駕！」

他笑說：「此刻我若再不來清還，那就要成爲倒賬了！」

徐樹錚從琉璃廠舊店還賬出來，已聽見北京城門外的槍聲了。他又回頭在舊書店取了一本線裝書，才上車去。原來們一聽見槍聲，就知道直軍卽將入城了，他回頭在舊書店取了一部舊書帶在身邊是甚麽意思呢？原來他從琉璃廠出來，就叫車夫直向東交民巷開去。東交民巷是北京各國使館的所在地，徐氏就這樣躲入日本大使館受庇護了。

後來知道，張作霖之所以於徐樹錚在楊村打勝仗的時候加入直軍來打皖軍的原因，乃因徐樹錚前兩天曾對人言，他此次若把直軍打垮，當卽乘勝解決奉軍的。於此亦可見徐氏雖才識和膽量都有過人之處，而氣度與細心卻不夠了。他一生的失敗，就失敗在這上面。

直皖戰爭段祺瑞徐樹錚失敗後，直系得勢，先逼段祺瑞下野，辭去國務總理職，而徐樹錚、曾毓雋等則列爲罪魁，下令過緝。這一切因時局的大變動，使段祺瑞和徐樹錚完全受命運的支配，絲毫無能爲力，實是妙哉！

當時全國握有實力而具有政治野心的，可分爲四派：一派是南方革命勢力，一派是安福系，一派是直系，另一派則是奉系。此時安福系的軍隊雖被直系打垮，而段祺瑞的政治地位仍具有頗大的潛勢力。直系既得勢，對它有心腹之患的便是奉系了。當時張作霖以關外東三省爲根據地，正思趁此皖系既衰之際，利用進駐京津的實力，作爲他日問鼎中原的準備。這打算當然瞞不過直系，便時刻引起直系想對奉軍用兵，逼其出關。

這樣一來，又使奉系暗中與安福系勾結，直系當然不容兩派暗中勾結，到民國十一年（一九二二）便爆發爲「直奉戰爭」了。此次戰爭，奉軍大敗，與直軍議和的條件是奉軍全部撤回山海關之外，而直軍不得逼入奉天省境。

第二年因直系首領曹錕賄選爲總統，全國譁然。這就是有名的所謂「猪仔議員」。於是使段祺瑞得有機會出來一面聯絡關外王的張作霖；一面聯絡南方革命勢力的孫中山先生，成爲反直系的大聯合，卽當時所謂「孫、段、張三角同盟」。由是，民國十三年（一九二四），安福系的浙江省督軍盧永祥首先發難攻打直系的江蘇省督軍齊燮元，演變爲二次直奉戰爭，才把直系曹錕、吳佩孚澈底打垮。

直系澈底垮台之後，當時直系吳佩孚乃一世之雄，其所以失敗於奉軍，實出於馮玉祥的倒戈。因此，當時北方政局至爲複雜，收拾不易。於是就由奉軍和馮玉祥的國民軍實力派擁出段祺瑞爲臨時執政，收拾殘局。因爲前有「孫、段、張三角同盟」，所以此時段氏才邀請孫中山先生北上共商國家大計之事。

段祺瑞旣然執政，徐樹錚當然是主要角色，但這是安福系的迴光反照，也是徐氏的末運了。民國十四年三月孫中山先生在北京逝世時，還是段氏執政時代。徐樹錚才情並茂，詩文俱佳，曾有輓孫中山先生的聯句，一時膾炙人口。聯句云：「百年之政，孰若民生，曷君乎一言而興，一言而喪；十稔以還，使無公在，正不知幾人稱帝，幾人稱王。」於此亦可見徐氏對於孫中山先生的景仰與認識了。

徐樹錚確是一個多才多藝，絕頂聰明的人，他很有受人傾倒的詩句，如：「萬馬無聲秋塞月，一燈有味夜窗書。」「美人顏色千絲髮，大將功名萬馬蹄。」就因爲有此不羈不俗的性情，所以他有奔放大膽的行爲。

民國十四年是他四十六歲，不特他自己知道今年是一個有「殺身之禍」的年頭，許多親近的人也都知道從前在日本留學時有一個日本看中國相的，和天津一個明眼算命，一個瞎子算命的說他今年有危險的，他自己到了那年，卻特別不以爲事。

本來這數年來徐樹錚都暗中關心自己的命運，雖當他此種不羈豪放的人才是不怕甚麽殺身之禍的；但如果可免總是求免。他也記得算命的說他要在四十六歲那年夏天躲避世俗一切，尤其是政治舞台，要去深山養晦的。然而，那時正是段祺瑞執政的最高潮，他還在策劃如何使段氏能在執政期中佈置一切，作爲他日正式國會成立選舉總統時使段氏當選，而他自己還想做國務總理的。

大概由於所謂利祿薰心的關係，或者由於命運的關係，到了將死之運，當死之年，特別有一種胡塗的心理，所以他到了四十六歲那年反而不以危險爲可慮。他曾對人說，他要以自己的才能來改造自己今年的命運，大意是說「以不怕死去對付死」。

徐樹錚的「以不怕死去對付死」的辦法到底是怎麽一回事呢？原來徐氏既然從這年來所發生事實，證明了命運確有其事，則對於自己四十六歲的殺身之禍不能不信；然而

「千古艱難惟一死」，徐氏雖是一個文武全才的人物，而人非草木，誰能不對死，欲思有以所脫之道呢？於是他以一個武人的姿態，運用古兵法上的所謂「置之死而後生」的原理，又採取「破釜沉舟」的手段，建立了「不怕死則不死」的信心；所以他四十六歲那年不特不聽算命先生的話要避去深山養晦，反而特別活動起來了。

那年冬天，徐氏因公要從北京去天津。那時馮玉祥的國民軍正駐守在京津鐵路的廊坊。因為幾年前徐氏曾把與馮玉祥有舅甥至親的陸建章誘殺於天津，而此時馮玉祥正是依實力紅得發紫的時候，他的個性反覆無常，被綽號為「倒戈將軍」，所以段祺瑞和京中諸人，都勸徐氏化裝乘小汽車由公路赴津，不要坐火車。

然而，徐樹錚既抱定「以不怕死去對付死」，原可以化裝乘小汽車去的，到了此時他卻偏要坐火車了。而且不特坐通常的火車，偏要掛專車，張揚赴津。

論膽氣，徐氏可算夠大膽了；但是，畢竟一個人的才能鬪不過命運的作祟，當徐氏的專車到達廊坊車站之時，火車站已佈滿了馮玉祥的軍隊，徐氏便從專車中被抓下火車，立地槍殺了。「腦後見腮」，「四十六歲有殺身之禍」，若干年前，看相和算命的斷語，到此時完全應驗了。

徐樹錚被殺的消息傳到北京，全城震動。有的以爲皖系對馮玉祥必有報復的舉動。所好段祺瑞清明大理，認爲馮玉祥此舉乃對徐氏的個人報仇，並非對段個人或皖系的妄爲。同時皖系當年也已無實力可用，便也不了了之了。

那幾天北京和天津兩地，對於徐氏被殺的事街談巷議，除追述到八年前陸建章被殺的故事外，最爲人們所樂道的，那是關於看相和算命的預言問題。有一家報紙把徐氏從腦後拍的照片發表，說明了所謂「腦後見腮」的情形，使大家都明白所謂腦後見腮是甚麼形狀。當然當時京津的報紙也刋出馮玉祥的照片。因而就有人對馮玉祥的面相有所議論了；因爲馮玉祥的兩腮和徐樹錚是同型。

就在那幾天中，京津各報以及看相館、算命館，不管曾否替徐樹錚或馮玉祥算過命看過相，只要能够找到他們兩人的相片或八字的，報紙就在副刋上發表，命館相館就在店門口懸掛他們兩人的八字和相片，再加上許多評語，當然「以成敗論英雄」，多數都說馮玉祥的命高相好這一類的話，而對於徐樹錚的「腦後見腮」則特別論列其惡相。

其中有一家報館，那大槪是安福系辦的，找了一個業餘看相的，用「樂天生」的筆名，寫了一篇「論徐樹錚馮玉祥的相」，在副刋上發表，依樂天生的斷法，說徐樹錚的

「腦後見腮」乃與馮玉祥同型，徐樹錚今日死於非命，而馮玉祥將來也當死於非命的。同時他還說，徐樹錚今日還死於高官顯要的任內，雖不幸還算有福，至於馮玉祥將來死於非命，不是死於官職任內，而是死於罷官之後，死狀更慘。文中且有「粉身碎骨，死無葬身之地」之句。

當時此種說法並不足奇，因爲馮玉祥既係一個軍人，又被稱「倒戈將軍」，則他年死於非命，原無足怪的，其中引起人們注意的一點，就是說馮玉祥將來要死於罷官之後，不死於當權之內，這就有一種特別的看法了。

後來又有一位北京東安市場內的算命先生，在晨報上發表了一段廣告式的批命，說馮玉祥的大命要終於六十七歲。當時馮玉祥才四十三歲，計算起來尚在二十四年以後(一九四八年)的事。但算命的並沒有說他要死於非命，只說他歲行「戊子」，客死他鄉。

在同一時間，北京又有一家報紙，刊載論斷馮玉祥相貌的，說他六十五歲以後不得善終，理由是說「腦後見腮，且有反骨。」本來就命理說，「客死他鄉」也算是「不得善終」的，因爲「壽終正寢」才算善終。

由於當時馮玉祥是北洋軍閥中新起的實力派，在北方政府中是炙手可熱的數一數二的人物，所以大家對這兩家報紙所登載的都予以極有興趣的注意，尤其是政府以及軍界中人，飯後茶餘，莫不以此事爲話題。

但馮玉祥本人信奉基督教，又綽號「基督將軍」，所以他於各報上也看見到關於自己相命的推論，卻不予注意，只以一笑置之而已。

當時我有位忘年之交嚴高德先生，他對於相術研究有數，頗有獨到之處，當時他是在濟南做事，聽說北京某報曾刊載馮玉祥「腦後見腮，且有反骨」的消息，他特意托北京朋友打聽馮玉祥何時到北京，他打算到北京去看看馮玉祥的骨相，因爲他從報紙上常見關於馮玉祥便服在街上行走的消息，他想若能碰到馮氏進京的機會，則在政府機關附近一定可以看到他的。

不久朋友來信說馮玉祥將於某月某日入京參加某種政治軍事會議，將在北京有兩星期的逗留。馮玉祥的「反骨」是何情形？因爲「腦後見腮」的相並不奇，而加「反骨」那就特別了。

依這位忘年老友嚴先生說，馮玉祥的「腦後見腮」顯而易見，而「背有反骨」則頗特別。依他那種相格論，死於非命已無疑義，而又當死於反叛之舉亦是一個定局。當時嚴先生的朋輩多不敢相信嚴先生的說法，因爲他看見馮玉祥之後，曾說北京兩家報紙所斷馮玉祥六十五歲之後死於非命，確有所據，也確信必然應驗；那末，依另一家報紙所說，馮玉祥將來當死於罷官之後，既罷官，則又何從有反叛之事呢？而且到了六十七歲那麼高年，本當退休之時，縱不退休，也不至再有反叛的輕舉妄動的。

但是，事實眞是太奇妙，馮玉祥自於直奉戰爭中一次陣前倒戈自稱國民軍，致使吳佩孚慘敗之後，直到抗日軍興，他都平安無事，因爲他後來被解除軍符，手中無戈當然倒不出花樣來。奇怪的是，抗戰勝利後，他又同情共產黨，竟與史太林搭上關係，史太林邀他去蘇聯面談。

這就政治立場看來，當然和軍隊的倒戈無異。那年是民國三十年，歲次戊子，亦即一九四八年，馮玉祥正是六十七歲，那年八月二十二日，上海、南京、北京以及全國大都市的報紙都有一段驚人消息，說是八月廿一日馮玉祥在蘇聯客船勝利號，駛往敖德薩港口途中，因在船上觀看電影，電線走火，電影機爆炸，竟被焚死。後來又傳說，這是史太林授意船上人員要這樣做的。不管政治的內幕如何，馮氏六十七歲客死他鄉和死於非命以及死於反叛則是事實。

四　馮玉祥倒戈慘死・命中有據

「馮玉祥仇殺徐樹錚，腦後見腮」一文在報上發表後，收到好幾位讀者來信，其中有兩三位是對命理研究的人，他問我有沒有馮玉祥的八字，有的話，希望把它刊出，也作一個批斷。因爲馮玉祥是一個有名的「倒戈將軍」，也是民國以來的一個重要人物，而且也才於抗戰勝利的一九四八年慘死於蘇聯輪上的，所以還有不少人對此君一生之事有興趣。

另有兩三人，其中有的是馮玉祥的同鄉，有的是馮玉祥的部下，他們把馮玉祥的年歲和生日開給我，要我依們的命理談談馮氏的過去情形，他的反戈，他的慘死，是否命定。其中有一個，說是馮玉祥晚輩親戚，略知馮玉祥的父母情形，也說出關於馮玉祥幼年時家裏給他算命的情形，問我這命理到底是甚麼一回事。

因爲在抗戰前不久，中國內戰頻仍之後，「馮、閻、蔣」三巨頭曾一度親密合作過的，馮玉祥雖然已去世了，在民國史上而仍爲一般喜談國事的人所樂道的。

本來讀者來信我都有答覆的心意的，而因事實上辦不到，連去拆開那一大堆信的時間都沒有，自然更談不到覆。因此，我在偶爾有空時隨手拆開幾封信，如果發現與「談奇」有關的，對一般讀者有「興趣」的，與過去國家有關係，可作歷史「常識」看的，以及能够對研究命相行家提供一些有價值「資料」的，就把它看爲需要答覆的問題。因爲這樣，才與談奇旨趣無衝突，讀者也不討厭。

現在就是根據這幾個原則，把幾位讀者有關於馮玉祥命理的問題，以及另有幾位命理行家要我舉些「八字」作爲談奇的實例，來寫這一篇的談奇文字。

先把馮玉祥的八字寫出來。馮的八字在命譜上原是有的，那位讀者開來的命譜上也一樣，他是前清光緒八年（一八八二年）農曆九月二十六日午時出生，八字是這樣：「壬午、庚戌、己酉、庚午」。他的父親是安徽省人，母親是山東省人，他自己是山東濟寧出世的。

這八字在命理上有人說和蔣總統的八字同屬「傷官佩印」的格局，但因八字不同，雖同爲「傷官佩印」，優劣大有不同之處。

馮玉祥比蔣總統大五歲，比閻錫山大一歲，今年若是在世，應是八十三歲，從前有人說，馮玉祥雖然以「倒戈將軍」聞名，畢竟因八字係屬「傷官佩印」貴格，所以此君仍有「正氣」，不失爲時代的「人物」。

現在我們開始談談馮玉祥命理上的「談奇」事跡。在這裏，容我揮筆先說幾句聲明的話。我在上面所開出的「八字」，所說出的「相格」，必定是或在書本上有根據，或在傳說上有所聞，絕不杜撰揑造。至於爲着「談奇」，在說法上、筆調上，不能不加以「奇妙」化的。

有個朋友參加星島日報二十六週年慶宴的告訴我，說是那晚席上很多人談起「命相談奇」之事的，也有人問作者「齊東野」到底是甚麼人的。據說其中有兩三位，大概是對命理相術頗有研究的，批評「命相談奇」中不少是言過其實的故事。

我笑對朋友說，如果「傳奇」小說和偵探小說之類有價值的話，那末我的「談奇」命理當然也有它的價值。我已對讀者負了應負的責任，我用「談奇」爲題，我用「齊東野——語」爲名。

如果讀者不能體會「齊東野語，命相談奇」這八個的含義，那是他自己的事，我不能再負解釋或辯白的責任。至於筆名，既名「齊東野」，便是齊東野，再問他是誰，那是多餘的事。有的讀者，自以爲聰明，信封上寫了我的另一個名字。那知那個名字也不過是我前幾年用的筆名而已，何必多此一舉呢？

我寫「談奇」，只求讀者覺得「有趣」就够了。至於對命相的「研究」，那是其次問題。對命相有興趣的朋友，可在我提供的「八字」和「政事」，自己去做一個配合的研究，那可能比我所談的更高明更有價値的。

現在言歸正傳，再談馮玉祥的命理。馮玉祥的被綽號爲「倒戈將軍」，乃民國十三年（一九二四）之後的事。軍人倒戈，原無足奇，而馮玉祥之所以倒戈得名，另有其由，因爲他在以前已經有過一次倒戈，而且這兩次倒戈都是很重要而與當時局勢有重大影響的。民國以來，軍人中馮玉祥可算是一個怪傑。就命相來說，除以前說過他的「腦後見腮」外，也尙有命理可據。

民國七年（一九一八年）清明節前後的日子，可以說北京，天津兩地所有的命館以及對命理有研究的人士，都對馮玉祥的命理有所論述，家家命館門首都貼有馮氏八字；爲甚麼？因爲二月間正是馮玉祥在湖北第一次倒戈。

那時馮玉祥只是一個混成旅的旅長，中將銜，駐紮在湖北的武穴。當時西南各省爲革命勢力所操縱，北京政府由北洋軍閥馮國璋爲總統，段祺瑞爲國務總理兼陸軍總長，正思對西南用兵。段祺瑞派曹錕（後數年曾賄選爲總統）爲兩湖巡閱使，在湖北孝感地方設立南征大本營，總統馮國璋並贈他寶刀一柄，對臨陣退縮者，准其便利行事，先斬後奏，於此亦可見當時北洋政府對此次軍事的重視，但是，馮玉祥這怪傑，便在這時候敢於倒戈。

因爲馮玉祥的原籍是安徽，當時安徽軍閥倪嗣冲無法無天，他便趁此北南不和，國內用兵之際，忽於二月十三日，在湖北武穴宣佈自主，一面聲討倪嗣冲，一面籲請南北罷兵言和。並於二月十四日發出有名的倒戈「寒電」，電文中有這樣的話：「或罷兵，或殺玉祥以謝天下。」這是馮玉祥表示以生死行此事的。

此時馮玉祥才三十七歲，論武職也只不過一個中將旅長，而敢於如此做法，亦可見他的個性和魄力了。「寒電」發出後，不特北方各省聞訊震動，就是南方各省也極其驚異。這也是馮玉祥後來與南方革命勢力結合的前因。

當時北京政府派系極多，馮玉祥雖與段祺瑞同係安徽人，卻是反對段祺瑞內閣的，所以他欲以此一舉兩得：一得人的同情，二得藉此反對倪嗣冲，反對段祺瑞。

段祺瑞一聞馮玉祥叛變，便於二月二十三日下令免馮玉祥旅長職，並發交曹錕就近查辦。當然，「將在外，君命有所不受」，何況他已通電自主了呢，於是馮第一步並不即動武，他頗聰明，且有政治手腕，他一面準備交代，一面唆使他的部下通電挽留。全旅的官兵一致議決挽留旅長，發出向全國表明心志的通電，電文中這樣說：「某某全旅官兵，寧與旅長同死，不願任其獨去，如不獲請，請將我官兵九千五百五十三人一律槍斃。」

這樣一來，情形就嚴重了，如果曹錕處理不好，很可能由通電而用武了。當時馮玉祥的混成旅官兵有九千多人，而且紀律嚴明，在北洋軍閥中算是一支强力的軍隊，所以曹錕便愼重其事，向段祺瑞疏通，說出利與害兩方面的情形，提出他對馮玉祥查辦的意見，結果僅僅褫去馮玉祥中將的官階，仍留任旅長，交曹錕節制。從此馮玉祥便感激曹錕，成爲直系軍閥的一支主力，作爲吳佩孚的股肱了。這是馮玉祥第一次倒戈情形。

因爲這是一件當時最大的事，馮玉祥也從此名聞全國了。在民國初年，北京官僚政治，團體既講派系，個人又尚命運，清末民初由於「十字清」、「推背圖」、「燒餅歌」渲染或傳說，所以馮玉祥便爲命相先生作爲門口或端招徠生意的廣告材料了。

當時北京有好幾家命館，對馮玉祥的八字「壬午、庚戌、己酉、庚午」有一致的論斷，說他是「傷官佩印」又是「日祿歸時」。

所以八字中的「壬午」和「庚午」兩種，都不宜衝尅也不可加旺，一碰到「壬午」或「庚午」有衝尅或加旺的，必定有變故發生。

根據這個原理，查得前六年卽民國元年壬子歲，他也參加過某種起義再如當時事實的證明，就是那年（民國七年卽一九一八年）他在湖北武穴第一次倒戈，正是對庚午加旺的「戊午」流年。再根據這兩個事實，推斷往後六年，到了民國十三年卽一九二四年是「甲子」流年；再後六年到了民國十九年卽一九三〇年是「庚午」流年，也都應當有類似的事變發生的。

當時還有一件事會引起爭論的，那就是據算命先生依命理看，說他的八字五行喜金與水，忌火、土、木，所以八字中的「壬」水極爲重要，最不宜冲尅。又據命理，要看一個人的祖先或父母的福蔭，乃以出生的年上爲根據，就馮玉祥的八字論，他的出生是「壬午」，壬字就是代表他的祖及父對他的福蔭。就八字論，壬是他的「正財」，又係「用神」，對他最有利。

所以推斷他的父親應是對他功名上最有幫助的人，同時也應當是有功名的人或是有財富的人才對。

但是，依當時北京和天津兩地的人，都知道馮玉祥是自幼行伍出身，而他父親是一個水泥匠，家境非常窮困，既無財又無官。於是京津兩地報紙副刊上就發現有人反對命理之說的，發表了文字反駁算命先生在報紙上所登的廣告，說他他胡說八道，馮玉祥父親實是貧賤之人。

當時北京有兩個算命先生，連名寫了一篇「論馮玉祥六親」的文字，硬說馮玉祥的父親必是一個小貴的人，如果得到馮玉祥自己證實父親是水泥匠，果係寒微之人，那末他們兩人願意把命館閉門大吉，自己認輸。

這兩個算命先生，又在那篇文字發表後，續寫一篇「論馮玉祥甲子流年」的短文，說：關於馮玉祥的父親問題無妨慢慢等以後再說，現在請先推斷後六年甲子歲的情形。他說後六年的甲子歲，馮玉祥必有比今年更震動全國的事故發生，也必有更大的成就。

六年的時間，說得好久，過得也很快，民國十三年又到來了。這時候的馮玉祥，由一個混成旅的旅長，已成爲直系的第三軍軍長兼司令的地位了。當時他是直屬直系軍事首領吳佩孚管轄，吳倚為肱肘。那年正是直奉兩系軍閥第二次戰爭爆發的時候。

直奉戰爭爆發的原因，乃由民國十三年六月間，直系軍隊以索餉為由起因，迫使黎元洪總統退職後，又運動選舉曹錕為總統，北京國會定於八月二十七日那天選舉總統。皖系軍閥浙江督軍盧永祥，首先通電反對的理由是：國會議員不願附直系的，多已出京他去，國會議員不足法定人數，不能違法開會。

接着奉天張作霖也通電反對此次非法的選舉。但直系均置之不理，竟於十月五日舉行民國史上有名的「猪仔」議員的賄選，選出曹錕為總統。十月十日，曹錕入京就總統職，並公佈被諭為所謂「曹家憲法」。

於是盧永祥通電討伐曹錕，奉軍張作霖也通電響應，並由東三省派兵進入山海關，討曹理直氣壯，直系軍隊力敵不支紛紛退守秦皇島，當年直系主帥吳佩孚，派馮玉祥率兵攻擊熱河奉軍，又派遣艦隊運兵數萬在秦皇島登陸，力謀大舉反攻，挽回危局。

想不到馮玉祥此人，雖然行伍出身，老粗底子，卻有正義感，眼見吳佩孚以一個出色的帥才，竟然甘心擁戴曹錕作此違法之事，同時也聽到了全國反對之聲，便突然率同陸軍第一師師長胡景翼，京師警備司令孫岳等，於十月二十三日也就是曹錕就任賄選總統的第十三日，由古北口倒戈，回師北京，一面通電主和停戰，一面把曹錕軟禁於總統府中。這是馮玉祥第二次倒戈，那年果然就是六年前那兩位算命先生所預言的「甲子」歲。

曹錕被困宮中，眼見馮玉祥背叛自己，聯結了奉軍，明知大勢已去，但仍然不想退位。他雖然也下令停戰，並下令免去吳佩孚所兼各職，暗中仍盼吳佩孚能揮戈入京挽救危局。可是，時勢所趨，各方羣起聲討曹錕，吳佩孚未戰先敗，遂通電下野，率僚屬，南下武漢去了。

接着曹錕深知事無可爲，旋亦通電辭職。但此時人心惶惶，對民國政制頗有懷疑。因此有人串通日本方面，想法再擁宣統廢帝復辟的謠言，宣統復辟，已在民國六年張勳爲首演過一次怪劇的，此時謠言又起，馮玉祥便不能不加注意的了。

經馮玉祥考慮的結果，決定先發制人，遂於十一月五日帶兵入宮，勸宣統廢除帝號交出玉璽，即日遷移出宮。這就是民國以後最有名的「逼宮」事件。

本來民國成立時，爲表示寬大，民國曾訂有優待清室的條例，准許宣統帝仍居故宮，在宮廷中得續稱帝號等等的。此時馮玉祥便修正了民國優待清室的條件，條件有五條，如下：

「第一條、大清宣統皇帝，從卽日起，永遠廢除皇帝號，爲中華民國國民，在法律上享有同等一切權利。

第二條、自本條件修改後，民國政府，每年補助淸室家用五十萬元，並特支二百萬元，開辦北京平民工廠，儘先收容旗籍貧民。

第三條、淸室應按照原優待條約，第三條，卽日移出宮禁，以後得自由選擇住居，但民國政府，仍負保護責任。

第四條、淸室之族廟陵寢，民國酌設衞兵，妥爲保護。

第五條、淸室私產，歸淸室完全享有，民國政府，當爲特別保護；其一切公產，應歸民國政府所有。」

這條約修訂後，溥儀就於是日偕其妻遷移出宮，先居淸室私第醇王府，後移入日本使館去住。本來滿淸亡國，宣統得在故宮居住，且仍能延用帝號，並不合理，十數年來竟無人敢言，而馮玉祥卻出此一着，亦堪稱傑作。

馮玉祥此次「甲子」年的倒戈，旣然被算命的說靈了，京津一帶對這兩位算命先生六年前在報紙上所發表的東西，便被許多報紙重炒冷飯地再登出來，於是大家就根據民國七年，許多算命先生對馮玉祥八字的推論，說他每六年逢子或午的流年，都會有特別的事故發生，那末從民國十三年再後六年的民國十九年是「庚午」（一九三〇），勢將又要發生甚麼變故了。

前面已經說過，馮玉祥是從民國十三年「甲子」這一次從古北口回師對直系主帥吳佩孚的倒戈，才被全國綽號爲「倒戈將軍」的，因爲他自民國七年那次在武穴倒戈，連這次是兩次了，所以人們才把「倒戈將軍」的頭銜加上去的。馮玉祥自己當然也不能不承認這一事實，他對別人說，若說我是倒戈，那末我們中國周朝的武王就是倒戈將軍的始祖，我認爲，若是爲自己的權利犯上，那就是「倒戈」，若是爲國家和人民的利益而犯上，那就是「革命」不是「倒戈」，我馮玉祥只承認是爲國家爲人民利益的革命行動，不是倒戈。

這時候馮玉祥已是四十三歲的人了。若把他過去的倒戈事情說起來，頭一次「灤州起義」（壬子）是三十一歲，第二次「武穴通電」（戊午）是三十七歲，第三次「古北口𢓜師」（甲子）是四十三歲，現在再下去，民國十九年（庚午）是他四十九歲之年，到底又要發生甚麼倒戈之事呢？

說來眞是奇怪，馮玉祥自被綽號爲「倒戈將軍」之後，因直系主帥吳佩孚已下野，他便成爲北方實力的翹楚了，由於他確具革命的性格，便爲國民黨爭取的對象，果然他於後兩年即一九二六年四十五歲，正式加入了國民黨，也把自己的軍隊幡號改爲「國民軍」了。

民國十三年吳佩孚雖然被馮玉祥倒戈而下野，但民國十四年冬，又爲五省聯軍總司令孫傳芳擁護東山再起，在漢口主持倒段祺瑞運動，直到民國十五年與國民革命軍在湖北汀泗橋一役一敗塗地爲止。

由民國一九二六年馮玉祥加入國民黨之後，不久國民黨軍光復武漢，奠定南京，馮玉祥旋就被任爲第二集團總司令，在西北與當時北洋軍閥餘孽作戰，頗有戰功。

但是馮玉祥榮任第二集團軍總司令不久，這官癮還過得不大夠足，倒戈的怪癖又見發作了，千湊巧，萬湊巧，竟會這樣的湊巧，當時國民黨左派以汪精衞爲領袖，公開反蔣，跑去北京，與閻錫山，馮玉祥合作，召開有名的所謂「擴大會議」。這擴大會議的政府便是國民黨的北方政權，由汪精衞，閻錫山和馮玉祥三人分負黨、政，軍三方面首領，通電反對中央，成立擴大僞政府。而這擴大會議就是民國十九年（一九三〇）馮玉祥四十九歲的「庚午」年，這次倒戈背叛的是國民黨中央政府。

這四個鐵的事實，灤州起義，武穴通電，古北口回師和擴大會議，都是在馮玉祥自三十一歲起，每隔六年的一「子」與「午」年，卽三十一歲「壬子」，三十七歲的「戊午」，四十三歲「甲子」和四十九歲的「庚午」，這說它不屬命理關係，還有其他更充分的理由可以解釋的嗎？

自四十九歲以後，一九三六年五十五歲「丙子」，再過六年一九四二年六十一歲的「壬午」，本當也應有類似倒戈之事的，但因此十二年中，一因行運不同關係，一因抗戰關係，個人命運受了國運牽制，同時馮玉祥在此期間內已無兵在握，所以只有個人的疾病，並無重大的變故發生。（當然其中尙有命理上的其他理由可以解釋，這屬於純命理的，在此處恕不多贅，至於知命之士，當然依其過去事實，亦可硏究其中是何道理）

奇怪的是，到了抗戰勝利後，一九四八年馮玉祥六十七歲「戊子」年又有甚麼事發生呢？

一九四五年抗戰結束，當時北京天津的算命先生又大做他們的生意，因爲命相生意都是在時局變化中才旺的，抗戰爆發那年，是由太平變爲動亂，命相生意特別好，抗戰結束那年，是由動亂變爲太平，生意也特別好，所以抗戰結束後兩三年中，接着的是國共大戰，又是一個新的內亂，所以全國命相生意都是旺季。一九四六年「丙戌」春天，北京有一家算命的對馮玉祥的命運也會有奇妙的論斷。

算命的說馮玉祥今年是「元氣受制重，有足無路走」。何謂「元氣受制重」呢？他說馮玉祥八字中首二字「壬午」的「壬」是他的元氣；那年流年是「戊子」，「戊」是爆土，「戊」冲「壬」是爲「元氣受制重」；何謂「有足無路走」呢？他說馮玉祥是「日祿歸時」格，八字最後二字「庚午」的「午」是他的「足」。「午」是「火」，「子」是「水」，今年「戊子」的「子」冲熄午火，所以說「有足無路走」了。

依此說法，明顯的是說馮玉祥今年壽命有問題，那年馮玉祥已是一個六十七歲的老人，說他今年會死亡，原無足奇的。而奇怪的則是算命的說他今年又有類似「倒戈」的事情，因爲今年又是子午相冲，依過去的事實，必然會有類似過去倒戈之事發生的。

這簡直不能便人相信了，那時抗戰勝利的第三年，馮玉祥早已卸去軍權，充其量也只能像丙子和壬午兩年一樣，無戈可倒，惟有生病了。然而算命的卻說他今年不是死於疾病而是死於非命。這樣說來，越講越胡塗了，因爲既是「類似倒戈」，又是「死於非命」，難道六十七歲的馬二將軍而且是中央委員，還要因倒戈而槍斃不成？

因此，報紙副刊上，小報上，便有許多不相信命運的人，說此次算命的所說馮玉祥之事必是藉此胡說八道來拉生意，因爲這事就常情常理上看是萬不可能成爲事實的。過了幾天，那兩位算命先生又在報紙上發表一篇文章，把馮玉祥的從前所寫自傳拿來作他們若干年前對馮玉祥父親的推斷作一個對證。

因爲從前他們就馮玉祥的八字看，說馮玉祥的父親是一個小功名的人，而當時人們卻都知道馮玉祥是個泥水匠之子，自少投軍，是行伍出身。

馮玉祥的自傳本來在抗戰以前就開始寫的，因爲自己不學無文，寫的東西太不像樣了，所以不曾發表，後來慢慢自己也進步了一點，也由別人順便給他改了一點——他主張自傳要自己執筆，不能叫人捉刀代筆。

所以他本着自己作僞的性格，心裏明明希望別人給他修改，而面子上卻不肯別人代他修改，因此只好利用拿給別人（當然是自己的親信）看時，隨手得便給他修改一下。

抗戰結束後，接着是國共的內戰，繼而金融紊亂，所以全國進入混亂的局面，尤其是北方各省，當時馮玉祥已算是過氣的人物，他的自傳雖然早已刋行，卻不引起人們的注意。到了此時才被算命先生發現，拿來做證據，說馮玉祥的父親，依馮玉祥自傳所說，應驗了他們就八字上之所推斷，馮玉祥的自傳到底怎樣說呢？當時算命先生曾把他引述過幾段，現在把它重錄出來，也讓人們知道一個曾經顯赫一時的馮玉祥是怎樣「英雄不怕出身低」的情形，自傳說：

「我原籍是安徽巢縣竹柯村，但是我始終沒有囘過去。我的父親是一個泥水匠，名有茂，生於一八四五年，早年家裏貧窮，同他的兄弟分居。伯父和二叔是裁縫，四叔是佃農，我的父親一度當過人家的僱工，但不久卽投身行伍，祖父一生都在窮困中掙扎，晚年生活益發困窘。有一次，祖父病了，家中一文莫明，父親無計可施，跑到巢湖去摸魚，賣了魚，將錢買藥囘來給父親吃。他去摸魚時，袋裏帶着鍋巴，準備肚子餓時，掏出來當飯吃，若遇到家裏連鍋巴也沒有的時候，餓肚子是平常的事。

父親爲着祖父的病，日夜服侍……接着又遇到洪楊革命，全家急於逃難，一生辛勞的祖父也就在這時逝世。

以後全家逃到一個破廟裏，住了下來，不久，父親得友人介紹，跑到一個姓張的家裏當傭工，同時也是他決心投軍的始點。

張姓是有錢人家，有兩個兒子，延請一位拳師習武，但兩位少爺有着很深紈袴弟子的習氣，冬天早上老是不肯起床，叫喚一聲，老是咿咿唔唔，躲躲懶懶，父親生性爽直而且勇武，他眼見張家少爺有這樣的環境，還不肯隨師習武，很替他可惜。於是自己便向拳師討教，閒暇便學，弓箭武器，搬搬石子，潛修苦練，拳師看見他拳術很上進，也不吝惜指點他，於是父親的功夫也就日進步了。

考期到了，父親奉命携了行李，護送張家少爺去考武庠，不知道由於怎麼樣的一個機緣。

父親也得進場。張家少爺連射三箭，一箭也沒有中……父親卻三箭都中了，石子也舉得合格，居然榜上有名，屢經磨折的父親，此時居然有了機會吐一吐悶氣。」

看了上面馮玉祥的自傳，果然他的父親原是一個泥水匠，僱工，也曾經投身行伍，但最後卻中了武秀才。在滿淸時代，文武秀才，文秀才可以再讀書準備考舉人，考狀元，而武秀才只靠年青力壯，所以務必派去軍中去當最低級的武職。

馮玉祥的父親中了武秀才之後，據他的自傳這樣說：

「一八五〇年楊洪革命爆發，接着又有捻子與回亂，清廷不得已頒佈左宗棠主新疆軍務的命令，因此父親也隨大軍由西北開赴新疆。……父親初到軍中，在差遣隊當差，後來升哨長哨官。不久父親從新疆回來，調到山東濟寧駐防，就在那裏結婚，外祖母家姓游。」

這自傳所說的關於馮玉祥父親的情形，不管他有無考中武秀才（因爲有人說，馮玉祥的父親只是行伍出身，並沒有中過武秀才，自傳中所說的乃馮玉祥自己顯親的話），當他在山東濟寧結婚生馮玉祥，最少總是已升到了哨長或哨官了的，這哨長與哨官，也算是小功名。

剛好這時候，天津有個看相的，說從前他曾看過馮玉祥的相，說馮玉祥是一個「腦後見腮」而又「上重下輕」的人，所以他必定「死於非命」的，不過這位看相先生並沒有說他要於本年內死亡。

結果馮玉祥在戊子（一九四八，民國三十七年）那年發生了甚麼事呢？

抗戰結束後，馮玉祥反對內戰，不滿政府措施，不斷發出抨擊政府言論，並參加當時反政府在左傾的所謂「民主運動」。於是他被國民黨開除黨籍，不久他便出國遊歷。

此時他已投向反政府的一邊，在出國遊歷期中，又接受史太林的邀請，搭蘇聯船勝利號去蘇聯，那年八月二十一日，他在船上看電影時，機房爆炸起火，他就被燒死於蘇聯船上了。

消息傳到中國後，北京算命先生又在報紙上重說他的對馮玉祥本年斷語「元氣受制重，有足無路走」的話確已十足應驗了。

這馮玉祥的八字，子午不能冲，冲必有變故的事實，一而再，再而三，三而四的應驗，誰能不相信這完全關係命理呢？馮玉祥以六十七歲的暮年，竟仍然死於最後一次的「倒戈」，未免太可嘆了。

五　中國術數預言・其中有妙處

中國術數之學，可以說比任何學術都發達得最早也最普遍。最早始於「八卦」，乃在文字之先；而易經便是數術之祖。從此有「觀天」之象，有「觀時」之氣的，有「觀五行」之用的，有「觀氣象」之變的，有「觀夢」之兆的，又有「觀地形」「觀人相」之奇的。這是孔子以前就盛行了的幾種術數之學。

若就相與命論，相術發明最早，周朝就已精到了，當然早已被人研究有素了的。至於八字命理，乃唐朝以後才有，這可以說是中國學術中的一種最後也極有價值的發明。

命理原只是以個人的八字爲根據，所推斷也只屬個人的吉凶休咎而已；但因每個人都有六親關係，而大人鉅公且有時局關係，因而個人的命運，小的便牽連到家人戚友，大的便牽涉到國家安危了。所以，如果命相之學能把握得好，從個人命運，可以推及六親衆人；從集體命運，可以推及世局的前途，這難道不是一種極有科學價值嗎？

幾種古代術數之學中，有的已經演變成爲科學的，如古之「觀天」，「觀時」，現在已變爲「天文學」了，古之「觀地」的，而今也變爲「地理學」的一部份了，古之「占夢」的，也變爲心理學的一部分了，現在剩下純粹屬於術的，只有「卜卦」「起課」和「風水」幾種還比較盛行。這其中，當然也有它的存在道理。

就卜卦，風水二事來說，確有許多奇妙之處，尚非今日科學事之所能解釋的，關於中國術數的預言，如有名的「推背圖」、「燒餅歌」、「梅花詩」等，其中雖有僞作與强解之處，而確具預言價値的也不無可取之處。

現在姑就「推背圖」中所說的一二讖來說，其奇妙地方，似乎不能用「巧合」可以解釋的。比如：「第三十七象，庚子，益卦，讖曰：「『漢水茫茫，不統繼統，南北不分，和衷與共』。頌曰：『水終有竭，倒戈逢八月，海內竟無王，半凶還半吉』。」這條象讖，語隱不能了解，和其他讖詩相同。但曾經淸才子金聖嘆這樣批道：「此象雖有元首出現，而一時未易平治，亦一亂也。」金聖嘆是明末淸初的人，他對此讖有如此看法。

由金聖嘆時代到民國改元，經過滿淸三百多年的天下，沒有人能作出比他更具體的推斷，本來依我們中國歷史上的事實看，在新的元首沒有正式稱帝出現之前，天下大都是羣雄相爭，叛亂之局。到了新帝王出現，天下大都平治一時的。而金聖嘆對此讖卻有特別的看法，既說有元首出現，又說天下亦一亂。

此首讖詩雖然沒有說出甚麼年代，卻說出具體的三件事：一件是空間「漢水」，二件是時間「八月」，三件是情狀「無王」。天下不能一日無君，而此讖詩何以偏說「海內竟無王」呢？從這個「竟」字可以看出這是歷史上非常特別的事——本是「不能一日無君」，而今「竟無王」了。

推背圖這詩，到了清末宣統元年，有人從讖詩的首句「漢水茫茫」的「漢」字。和頌詩的首句「水清終有竭」的「清」字，解說清就是「滿清」，漢就是「漢人」，說滿清「終有竭」，而漢人就起而「不統繼統」了。

因此，當宣統元年時候，各地曾有「十字清」一首歌謠，把「清」放在每句的第一字。共十個清字，首句用一字，依次到末句十字。記得那十字清「首句是「清明時節，韃子爲王」，末句是「清受天命，十傳而亡」。「清明」的意思是說清兵入關取明朝而有天下之意，「韃子」本指「滿族」和「蒙古」族而言，此處乃指滿清。而末句的「清受天命，十傳而亡」，那就明明說是宣統要亡國了，因爲清朝自順治入關稱帝，繼而康熙、雍正、乾隆、嘉慶、道光、咸豐、同治、光緒，以迄宣統，剛剛十傳。

不過，歌謠總只是歌謠，清末之時漢人反清情緒高張，前有洪秀全的太平天國，後有孫中山的南方革命，漢人根據預感或憤怒編成反清的「十字淸」歌謠，並無足怪的。

當時尚有人把「宣統」二字拿去拆字的，拆字先生根據史記帝王本紀有「日宣三德」一語，又據漢書律曆志有「數曆三統」一語，合成「日宣三德，數曆三統」，因而所得的拆字讖語解說：「宣統二字，皆暗合三數，而統字又類絕字，淸朝帝祚其至宣統而絕乎？」奇怪得很，辛亥革命剛剛就是宣統三年，這就未免湊合得太奇妙了。

辛亥革命把滿淸三百年天下的王朝推翻之後，對於推背圖上的第三十七象的讖詩頌辭，一言一語卻全部把相傳爲一千多年前唐朝的預言應驗了。因爲那首讖詩所說的「漢水茫茫，不統繼統，南北不分，和衷與共」，所謂「漢水」，不只是暗示漢人，也是指辛亥革命所在地的武昌，地臨漢水。「不統繼統」，乃明言革命黨本無法統而能承繼前朝統治天下」之意，這八字已字字確實了。

再言到下句八字，當時淸廷在北方，而革命在南方，辛亥革命之後，至民國成之立初會有所謂「南北會議」，最後以「共和政體」統一南北，這不又明明是「南北不分，和衷與共」的嗎？這無論如何不能以湊巧視之的。

不特一首讖詩是這樣明白說法，就是頌辭，也是說得很清楚。所謂「水清終有竭，倒戈逢八月，」上句是說清朝有亡國之日，下句是說亡國的日子是八月，而且是被臣民倒戈（革命）而亡的。

說到這裏更是奇怪了，按辛亥武昌革命之日，革命黨人原是約定宣統三年陰曆八月十五發難的，後又因事決定改爲二十五日，但十七日那天，事機已被洩，不得已乃提前於十九日起事，（就是陽曆公元一九一一年的十月十日）「倒戈逢八月」這還有第二種解釋嗎？

再說到下面兩句：「海內竟無王，半凶還半吉。」

中國由黃帝開始，到宣統，宇內元首都是稱王稱帝的，惟有此次到了「倒戈逢八月」之後，改爲共和政體，永遠不許再有王了！

「海內竟無王」的「竟」（有最後意）字用得太妙了。

至於何謂「半凶還半吉」有的說這次革命成功，共和成立，因不能從此統治中國，動亂不平之局相繼不斷，這便是「半凶半吉」了。又說「半凶」似山字，「半吉」似袁字，乃指當時帝制被推翻，在「海內無王」的就候，先由孫中山在南京就臨時大總統之職，後又由袁世凱爲大總統，這便是「半凶半吉」之象了。

推背圖這條讖語，預言清朝亡國的日子是八月，地點是漢水，繼統的是漢人，政體是共和，從此海內就「無王」，只要有此主要的五點，也就够使我們驚奇了。

六　日本戰敗．中國亦早有預言

前篇已把推背圖的第三十七象，關於滿淸亡國的情形，應驗了千餘年前的預言說過了。現在再舉第二次世界大戰，日本和中國的情形說一說。

第二次世界大戰的爆發，是始於一九三七年七月七日的「蘆溝橋事變」，七月七日是戰爭爆發之日，其實事態已在六月底開始。那時是「九一八」日軍侵佔東北建立「滿州國」之後，又積極進行華北的分化，並且蓄意挑釁，企圖迫使中國投降。當時日軍駐北平附近豐台的軍隊，於六月底擅至蘆溝橋附近演習，藉口有騎兵一名失踪，要求派兵入宛平城內搜索檢查。這當然是無理要求。

此事當然被我方駐防軍隊拒絕，被我方拒絕後，日軍卽開砲攻城。當地駐軍二十九軍吉星文團將士忍無可忍，卽奮起抗戰了。這就是「七七事變」，實際上事情的發生是在一九三七年的六月底七月初的事。

現在試舉推背圖第三十九象的讖詩和頌詞來說。那首讖詩是「鳥無足，山有月，旭初升，人都哭。」頌詞是：「十二月中氣不和，南山有雀北山羅。一朝聽得金鷄叫，大海沉沉日已過。」

清初才子金聖嘆對此象的批語是這樣：「此象疑一外夷擾亂中原，必至酉年始得平定也。」金聖嘆之所以被目爲才子，確有他聰明過人之處，就上述詩詞看，雖然可以把「金鷄」說是「酉」年，但不能看出「疑一外夷擾亂中原」，因爲詞中的「十二月中氣不和」，最容易看的是「氣候不正」而讖詩中的「旭初升」，可以看作「天熱旱災」。而且所謂「大海沉沉日已過」也可以看作「海水都因熱旱而枯乾，到了那時，日光所造成的災禍才過去。」

然而金嘆卻不是這樣看法，他所斷的是「外夷」作亂，已够妙了，而「一外夷」更是奇妙；因爲我們中國的外夷作亂，常常有北方的合各外夷不只一種，而他竟說「一外夷」不無獨到之處。

到了抗日戰爭結束，有重讀推背圖這首詩的人，才發現原來是指二次世界大戰的中日兩國情形的預言，讖詩所言的大都就日本說的，而頌詞則大都對中國情形說的。

現在把其中寓意分析解釋一下便可明白。

先就大戰的爆發時間來說，上面已經說過了，中日戰爭是發生於一九三七年的六月底到「七七」。這就是該象頌詞所指的「十二月中氣不和」；因爲六月七月兩月就是全年十二月的中。「氣不和」是說中國氣數不太平的意思。此句從前有人把「十二月中」解爲「全年」，說是有一年全年病災不斷。有人說是十二月「中氣」不和，說是有一年「朝中」或「宮中」不和而災亂。其實兩說都不對，把「十二月中」解爲「六七月」才合事實。

至於「南山有雀北山羅」，有人解爲日軍侵華之後，先在東北和華北成立了傀儡政府，而實際上抗戰的力量在南京政府之手中，即「南山有雀」之意，所有基於東北和華北政權所發展的傀儡，（汪政權也是由當時的北平臨時政府和南京的維新政府合併而成的）統統是「北山羅」了。

再說到後面兩句，那就更證明了此詩完全是指中日戰爭說的了，因爲世界大戰結束的一九四五年，就是農曆的「乙酉」歲次，酉在五行上屬「金」，在十二生肖上屬「鷄」，也就是「金鷄」。而後面的詩句是「一朝聽得金鷄叫，大海沉沉日已過。」更妙的是「日」已過。爲甚麽不說「雨」已過，「浪」已過，而偏偏說「日」（日本）

呢？這許多湊合起來的事實證明了這次戰爭確是千餘年前所已知道了的定數。

現在再說到讖詩。那首讖詩是這樣說「烏無足，山有月，旭初升，人都哭！」「烏無足」解爲「飛機」無疑，「山有月」解爲「高射砲隊的探照燈」也似于相近。

最妙的是「旭初升，人都哭！」「旭」是九日之光的意思，解爲炸廣島長崎的「原子彈」亦無疑；因爲原子彈爆炸時確然比太陽更強烈。這旭字還有一個妙處，第一個原子彈炸日本廣島的是「金鷄」年八月六日晨，炸死的人是七萬八千一百五十人；第二個原子彈炸長崎的是後三日的八月九日晨，死人二萬三千七百五十三人。

炸長崎之後日本才決定投降，「旭初升」的旭字，不就是八月「九日」了嗎？推背圖第三十九象兩詩共八句。只「山有月」和「南山有雀北山羅」兩句有出入外，其他六句都無可置疑的，不亦妙哉！

七　山東主席音復渠．兇相橫死

前篇曾經說過「腦後見腮」馮玉祥死於非命的情形，現在說說由馮玉祥一手提拔的部將韓復渠的橫死兇相。韓復渠是山東人，原是行伍出身的，他是馮玉祥的一名部將，後來漸漸由時勢造英雄，成爲南京國民政府所倚重的實力派，官居山東省政府主席，兼一個集團軍的司令官。

韓復渠以一個老粗出身，竟然在抗戰前若干年就身居此文武官的「特任」職，眞是做夢想也不到的。試說一件韓復渠老粗的笑話。當時全國曾有所謂「新生活運動」一回事的。所謂「新生活」，主要的就是改革「隨便」的舊生活，勵行「紀律」他的新生活，如穿衣「扣好領鈕」，行路「靠左邊走」之類，這是其中最細微的事。

當時重視這一運動爲「民族復興」的實踐，所以風行全國，上下黽勉。南京曾設新生活運動的各種集會，把各省文武長官輪流調來受訓，時間雖短，即使受訓的人員都能領略斯生活的意義和大略。

有一次韓復渠由南京受訓後囘到山東，在省政府孫總理擴大紀念週上報告關於新生活運動的觀感時說：「新生活運動非常好，我們應當勵行新生活。」接着他想了一下，又說：「新生活運動委實是好，甚麼都好；但有一事我覺得有些不好，新生活運動行路統統要『靠左』走，這樣一來，馬路的左邊走滿人，而右邊不是空着沒人去走了嗎？」這一下台下的聽衆不禁哈哈地笑了一聲，他當然不會覺得是自己說錯，還繼續說：「這事難怪你們覺得好笑，我也覺得好笑，將來我們建築馬路時，左邊應當造寬一點，右邊要造窄一點了。」大家聽了索性哄堂大笑一下了。

韓復渠的老粗情形雖然到了這田地，卻也有粉飾風雅的思想，要把山東做成「孔夫子之鄉」的模範，於是他把當時聞名的「村治派」梁漱溟諸人請到山東去辦理鄉治自治的文化事業。

我有個朋友張先生也曾在濟南扶助推行村治有年，當然他是時常見到韓復渠的。

張先生是會看相的，有一次他囘到上海，我問他韓復渠此人如何？他說，在老粗的軍人中，總算是一個肯着重文化也肯尊重文人的一個，接着我們就談到他的相局問題。

張先生把韓復渠的貴相說了之後，也說到他的兇相。他說：「韓復渠此人雖然粗中帶文，品性也不錯，但因『滿臉橫肉』，結局難免悲慘的。」

我們對於「滿臉橫肉」的兇相是熟悉的，這大都是「死於非命」。因此我說：「一個軍人死於非命原無足奇的，以韓復渠此種封疆大吏且握有集團軍的大權，而會死於非命，那恐怕將來是被暗殺或是意外之事了。」

「我看他將來不是被暗殺也不是遭意外而死亡，他定是死於刑名的。」張先生解釋說：「因爲我看他相局行運，再過幾年要走到一個敗地，那時有身敗名裂之象，算是死於任內，又是突然起了變化，所以我斷他將來要死於刑名之下的。」

這話也說說就過去了，過去兩年，「七七事變」發生，接着全國抗戰。當時山東是物產饒庶之區，又是膠濟和津浦兩鐵路交錯之地，日本人早已視爲禁臠了。所以抗戰發生不久，日軍卽以數師兵力，首先進窺滄州，我守軍血戰三日，全團殉職，滄州遂告陷於敵手，既而德州就受了威脅。

當時中央統帥部據報此種形勢，卽令韓復渠出師應援。不料韓復渠竟不遵令以致山東重鎮德州亦告陷落。那時敵人正以全力進攻山西，其配備兵力在津浦線上較弱。統帥部認定，山西雖緊，而山東的得失，影響全局甚大，因而再令韓復渠迅速出師反攻，藉挽危局。

那知韓復渠仍徘徊瞻望，致使敵軍乘時增援，向陵縣臨邑方面進攻，擊陷慶雲，迫近惠民，進窺濟陽。此時中央在那方面並無兵力駐守，除韓復渠的集團外，無兵可調，於是又只好再嚴令韓復渠固守黃河北岸待援。

然而，韓復渠當時卻有兩種思想：一種他認定中日不至於正式宣戰，不久就會議和的，所以他不願把兵力作此犧牲；二種他以爲，如果眞的打下去，我軍絕非日軍所敵，他想不如趁此機會，據守黃河南岸，靜待機會。

他既是一個老粗，不學無術，對於日本的野心，兩國戰爭的利害，以及世界局勢，他一無所知，只知自己保存實力，因此，他決定退守黃河南岸，焚毀黃河鐵橋，這樣一來，日軍就很快地攻下了濟南，接着山東的名城重鎮便相繼淪陷殆盡了。

韓復渠既退守黃河南岸之後，黃河北岸重鎮既失盡，戰局就不可收拾了。他是馮玉祥的舊部，和馮玉祥一樣都是行伍出身，不學無術而野心又大，駐魯多年，自高自大，日本人早窺知其內心所在，便使人威迫利誘，使他入其彀中。又利用他自喜厚福的心理，製造了一些使他得意忘形，而又對日本人親近的心情。

如自抗戰爆發，通都大邑，敵機狂炸，蹂躪殆盡，但對於韓復渠防區的濟南，起始所未嘗炸過一彈，使韓復渠藉此自誇，也使他無形中對日本人存有好感的心理了。

又如有一次日本飛機炸彈落在韓氏的故鄉，敵軍卽派人向他道歉，並願賠償，韓復渠更以爲這是敵人對他的寵厚，而不知道這正是敵人拆散我方上下團結的陰謀。從這樣看來，他與敵人勾結，實昭然若揭的了。

當那時候，我的那位看過韓復渠相貌的朋友張先生正在上海，有一天我就問他，韓復渠在此次戰局中的命運如何？他說，依他的看法，韓復渠今年就是應死於刑名之年。換句話也就是說，他今年要被判罪而死於非命的。

我實在有些不大相信，因爲當時韓復渠正在是退守魯西之後，不顧上峯命令，一意孤行，直趨漢中，竟欲獨樹一幟，乘機坐大，那情形是我們稍有政治知識的人都看得出的，因爲當時他不向前方抗戰，而向後方擴張。同時，當時前方兵力已不够應付，漢中一帶陷於空虛情況，正是韓復渠坐大的機會，中央不會也無力去阻止他的。

因此我就問張先生，依形勢看，韓復渠的軍事實力不特不曾損失而且增大，那末，他握有一個集團軍司令長官的大權，除了敵機的空襲把他炸死之外，他縱然觸犯了違抗軍令或投敵，或造反，誰也都無力把他置於軍法的，那末，張先生之所謂今年韓復渠應死於刑名，不無可疑嗎？

張先生聽我這見解之後，就微笑地說：「這確是一個值得疑問的事件，但是，命相之事常常是奇妙的，絕對想不到的事，每每會突然發生，所以關於韓復渠今年應橫死於刑名一事，只有等待事實證明了。」

我又問他：「這事實準在今年發生嗎？」

「是，一定在今年之內發生！」張先生堅定地如此說。

事情眞是出乎意料之外，沒有好久，上海報紙登載韓復渠因違抗軍令在鄭州被捕，押去開封受軍事法庭審判。那天早上我在滬西兆豐花園散步，沒有看見報紙，當我回家時，家人報告我說，張先生曾打電話來，說韓復渠已在鄭州被捕，並解去開封受軍事審判了。

眞的嗎？我奇怪極了。速速拿過報紙一看，果然頭條新聞是說韓復渠因屢次抗令，在鄭州車站被捕，立卽押去開封，將組織軍事法庭開審。於是我就打電話去請張先生來舍下閒談，一會他來了。當然他是以滿面得意的樣子走進我的家門，開口第一句說：

「對嗎？必死於刑名。」

接着我們就談到何以韓復渠在鄭被捕呢？因爲鄭州當時不是韓復渠的防區，是中央軍力集中之地，韓復渠當時是在魯西以西，關中以東之地，何以會去鄭州呢？因爲當時曾傳聞韓復渠將與日本合作，那末他更不會去鄭州的，何以此次偏在鄭州被捕呢？

這個悶葫蘆過了幾天完全明白了。原來韓復渠自濟南退守魯西之後，已與日人暗中勾結，因而不顧上峯命令，一意孤行，直趨漢中，意欲乘時奪取中原，事成之後出與日本言和，則他自己便可成爲華北的傀儡了。

當時統帥部探知韓復渠的詭計，無法再恕，卽密下「嚴辦」之令。其實，韓復渠自德州告急之時，統帥部令他出師增援而不遵令之時開始，就屢次違抗中央命令，也理當早就要把他嚴辦了，但因當時情勢不利作此決定，也無法執行。

到了後來又迭次抗令不行，放棄重要城市，貽誤軍機，統帥部作了對韓嚴辦的決定，然而，當時因他保有龐大的兵力，而且强敵當前，中央投鼠忌器，怕他因有所聞，叛亂投敵，那就太不好了，所以遲遲未決。

到了最後他無故派了兩師兵力直趨漢中，對統帥部又諸多詭辭掩飾，說是先要堅固他軍力的後方，然後才便於在魯西還擊敵人等等虛妄的話。於是中央就也僞與周旋，做出各種信任他的姿態，並令原有駐扎漢中的軍隊撤去，把漢中索性交與韓復渠防守，因而韓復渠這老粗，以爲中央眞的信任他了，於是便也時常派高級人員到統帥部接洽並參加各相軍事的決策了。

經過了一個短時間統帥部與韓復渠高級將領聯絡之後，韓復渠深信中央確是在中原倚重了他之後，統帥部有一次宣佈，要重新佈置軍兵，意欲把鄭州以東都交由韓復渠部駐守，要開一個高級會議，會議的地點在河南開封，通令當時在華北一帶的各「方面軍」的軍政大員一律赴會。

這樣一來，韓復渠本人爲着地盤的擴充，爲着對中央又有所要求，就不能不自己出馬去開封開會了。行時，他帶了精銳的手槍隊一旅，由火車護送，不離左右以資保衛。這是他仍存有懷疑中央的心意表現無疑。

但統帥部也早知他必定携帶那精銳衞隊一旅同行，所以也早定下應付的妙計了。

當韓復渠的專車到中途停站之際，空襲警報忽發，大隊飛機出現雲層，機聲不絕，因而各火車都倉卒離站，韓氏所坐的火車，亦急促開出逃避空襲，一時就不能與他的那一旅之衆的手槍隊卡車連在一起開走，於是他的坐車就與手槍隊的卡車隔開了。

這一隔開，韓復渠的坐車一直向西進發，並不停留，天上的飛機仍在戒備。他問車上的隨從：「手槍隊在後面嗎？」回答說：「早就隔開了！」此時，韓復渠才知中了中央的計了。

及到火車進抵鄭州軍站，眼見站上已戒嚴，如臨大敵，而自己的手槍隊又不知落在何處去了，於是他知道今天已無倖免的了，遂俯首就捕。其實當時所發出的空襲警報，及上空的飛機，都是當局所佈置的，意在使韓的手槍隊卡車與韓的座車隔離，以免發生一場的火併，無謂的犧牲的。

韓復渠就捕之後，押至武漢，先由軍事最高領袖親自提訊，隨卽發交軍事委員會組織高等軍法會審，由鹿鍾麟任審判長，判處韓復渠死刑，聽說其罪狀是這樣：「該被告（韓復渠）不盡守土職責，及抵抗能事，對於統帥部先後電飭出師應援德州，及出擊滄州，牽制敵軍之命令，均不遵奉。復因敵軍渡河，擅先放棄濟南，撤退泰安。統帥部續令該被告堅守魯南防地，又不奉命，節節後退，迄魯西濟寧失守，敵軍跟踪侵入，致陷軍事上的重大損失。」

一時之雄的韓復渠，就這樣因「滿臉橫肉」死於非命了。

八　命中有財庫・妻賢家又富

少時在北京，由於家母舅是一個業餘的命相名流，幾乎每日來訪家母舅的人，很少不談命相之事的，因而對於甚麼「家、財、子、祿」，以及甚麼「三停」、「準頭」之類實在聽得很熟很熟了，不過，還是對於「妻、財、子、祿」之事頗有興趣，因爲這些名詞，我雖年少還可以聽得懂，而對於相學上的名詞，頗有莫名其妙之感。

有一天，北風刮得很兇，那天似是放假的日子，民國初年，北京政府是半新舊的政府，假期很多，家母舅每逢假日，只有三件事：一件事是去遊頤和園西山；二件事是被人約好了有人請去或有人來家看相算命，三件事則是自己去跑前門或東安市場的相命舘找熟人聊天，那天因刮風，他沒有出去，卻來了三個客人。

這三個客人是前兩天就約好了今天來請家母舅算命的。他們似乎都是三十歲上下的人，彼此之間所差一二歲，在面貌上是看不出誰長誰少的，他們一進來，拿出一封介紹信，遞給家母舅之後，隨着又把一張預先寫好了的三個人的八字拿出來，他們三人中間有一個說：「這是我們三個人的八字，敢請鄭三爺不用客氣的，是好說好，是壞說壞。」

像這種情形家母舅是很了解他們的用意在那裏的；因爲他們知道家母舅也會看相，如果由每個人去報八字，恐怕家母舅會以他們的相局爲根據或參考的；同時也怕家母舅客氣，不欲當面說人家的命，所以有的是自己的命，偏說朋友或親戚托他來代算，或像今天這樣，三個人八字一起開出，不讓你去參考他們的相局。

家母舅明白了他們此種心理，便把他們的心理一言道破地說：「好的，我現在先就八字看，等把這三個八字都說完之後，再行核對一下你們的相局，這樣不特是你們所喜歡的，也是我所願意的，因爲這樣做，讓我也可以看看自己的工夫如何，同時對於你們的命與相是否符合，也可以從而核對一下，那就更見正確了。」

那三個客人聽家母舅這樣說，就不約而同地笑起來了，他們便對家母舅很有辭令地說：「請鄭三爺原諒，讓我們於你的神妙推斷時，得到奇妙的感覺，也使我們更相信鄭三爺的神奇高明，當代第一。」

家母舅謙卑地答道：「當代第一是絕不敢當的，等一下使你們感到驚奇，或有可能的。」

他接着又解釋說：「本來命與相是一致的，命中有甚麼現象，相上也必定是甚麼情形，只是命理乃就人的『出生時間』上研究，而相理則就人的『面部空間』上研究罷了，其實兩者不會有大不相同，有的屬於例外，千人中只有一二人而已，那是屬於『變格』，不特命與相不一致，不符合，就是命也看不準，相也看不確，此卽所謂『怪命』『怪相』了。」

原來這三個人中，兩個人是同年的，都是三十二歲，一個長一歲，是三十三歲，家母舅就先把三十三歲那張八字看了一下。由於家母舅當時是在內務部那裏當科長之職，只是業餘替人義務的談相算命，而他所交遊的命相先生又都是當時北京著名的卜人，他當然不能以自己的業餘不收潤金使他們許多行業朋友的生意受了影響，所以他每次對人不論算命談相，都只能替人說一二事，不肯多說的。於是他就對那三位客人說：「我只能談一二事，請你們將所要問的事提出，讓我依命理所觀察的答覆你。」

其中有一個人說：「請問妻與子的事，我妻有無何種特別的地方，我子有幾個？」

家母舅知道他們中間年齡是相若的，說話的此人也未必就是八字的本人，所以也不去看他的臉孔，只是一味就八字上看。

他就答道：「依命理上說，這八字的最大毛病便是妻宮，你問我這八字的妻有無何種特別好的地方，而我卻說此君的妻有某種的特別壞的地方。」

家母舅又繼續說：「好在目前這不好的事實已經發現了，讓我明說出來也無問題，此君的夫人是『紅杏出牆』的女子，他們兩夫婦上月不是因了此事鬧到法庭上宣告離婚了嗎？」

三位客人中另有一人就說：「是北京法庭嗎？上月報紙上似沒有見到此種新聞？」「我看報不見這一類新聞的，所以上月北京地方法院有無此案我也不知道。」家母舅說：「不過，無論在北京，或者在天津，在別的地方也都可以，總是他們夫婦曾經於上月對簿公堂，因男方控告女方與人通姦而宣告離婚了的；這樣大的事情，你們三位當然都知道了的，所以我說來也無妨。」

原來這八字的本人並不在場，他是姓郝，是天津宏興公司的經理，的的確確上月是爲了太太和一個通利錢莊的小老板鄒君通姦而對簿公堂宣告雄婚的。因爲郝君和鄒君都是天津商界有名的人物，所以此事在天津是一條大新聞也是好新聞，在北京報紙上是沒有登載的。

這三位客人看見家母舅推斷得如此眞確，大家就只好大笑起來了。接着他們就問：

「鄭三爺，我們是受托來請教的，可否再給我們代問一事？」

「可以的，再說一事可無問題的，請說吧！」家母舅又在那八字看。

「這位郝經理上月和太太離婚之後，因爲宏興公司是天津有名的，所以今年他才三十三歲，中饋無人，當然就要再結婚的。現在我的姑表妹有人從中作伐，想嫁給他，但家姑母把這郝經理的八字拿去給算命先生看，都說這八字妻宮不好，子息也不好，因此猶豫不決，前幾天家姑母由天津來北京，聽說鄭三爺的大名，要我想法來請教你一下，所以我就託高二爺替我介紹了。」

那客人把他受托來看八字的理由說了一大堆之後，就問這八字將來是否還會離婚？將來的子息如何？

家母舅對他說：「依此君八字看，今年是戊午年，他的妻宮是子，這子午一冲，所以離婚了，照理，在十二年前，亦卽他二十一歲那年，已經離婚了一次的，而且也是因妻不貞事件，不過那次並無經官，所以不曾對簿公堂，不知此事你們知道了沒有？」

「確有此事，」那人答道：「聽說那是距今十二年前，也就是前淸光緒三十二年上半年的事。」

「那就不錯了。」家母舅說：「此君的八字，依一般的算命先生看十二年後四十三歲庚午年，可都要離婚；但依我看，若是現在這要娶的第三妻，也就是你剛才所說的令表妹，若是八字的五行和他能配合的話，可以不再離婚的。」

那客人聽了就拱起雙手作揖地對家母舅說：「實不相瞞，家姑母已把舍表妹的八字交給我了，敢請鄭三爺幫忙幫到底，再給舍表妹的八字看一看好嗎，家姑母希望今天晚上能請鄭三爺吃飯，對你老也太慕名的了，希望你能夠賞臉，彼此隨便談談哩！」

像這情形，看完頭一個的命，而連帶又看新的一個八字，這在家母舅是常有的事，因為這其中有一個前後兩人命理上的配合，常常引起特別的興趣，所以家母舅也樂意。於是那客人就將他的表妹八字拿出來遞給家母舅了。

「這眞是命中的奇配了，」家母舅看了那女命的八字之後這樣說：「郝先生八字的身元是壬子，所以當他二十一歲流年是丙午，今年三十三歲流年是戊午，兩次都是所謂天冲地尅。所以就有離婚之事發生，現在再下去十二年雖是庚午，子午又冲，但庚金可生壬水，而運又不同，情形大不相同，而且，令表妹八字的身元是丁亥，丁壬合，亥子一氣，兩人本身已和合不冲，兩人雖然都有離婚的刦煞，也都已經過去了，所以此後兩人結爲夫婦，可以說是奇緣，夫妻和睦，百年好合，看來不會有其他的變化的。」

三位客人有一個聽了家母舅的話，驚奇地說：「鄭三爺，你剛才說兩人雖然都有離婚的刦煞，也都已經過去了，這到底是甚麼意思的？」

「是的，」家母舅說：「郝先生已經離了兩次婚，這是你們已經知道了的，而這位表妹也者，她也有離婚的刦煞，依八字上看，她應是二十一至二十三歲這三年之間，未結婚而先離婚的。」

「哎啊，鄭三爺，你的命理，眞是當代第一了！」那個年長的客人說：「舍表妹前三年眞的有這回事，因爲她的未婚夫愛上一個女同學，兩人曾經鬧過自殺，所以舍表妹只好自己退讓而解除婚約。」

這兩人的八字談過之後，接着就看另一個人的八字。家母舅說：「這八字和前頭那位郝先生的命運就完全不同了。他一生不會有甚麼夫妻不和的事的。」

接着就問：「他要問的是甚麼事？妻宮既佳，當不會問到夫妻上的事，看來好像要問子息的問題嗎？」

「鄭三爺，我們眞是要向你佩服得五體投地了！」那客人說：「這八字是我的，內子的確很賢明，夫妻生活也很美滿，所可惜的就是我倆結婚已經六年多了。還沒有生過孩子，據好幾位算命先生說，命中有子，但必須在娶妾之後，妻妾可以同時得子，但不知是否這樣，何以不娶妾不能生，而娶了妾才能生子呢？其中有何道理呢？」

家母舅聽了便對他說：「一般算命先生這樣說法也是很有根據的，不過，情形不一定這樣，好像說，算命先生大概都說你今年有桃花運，而且可能納妾，但因你命中『正妻』得位，有力，換一句話就是說，你對你的夫人有愛情，你就是有桃花運，也可能不要那桃花，有納妾的機會，也可以不納妾，如果你命中正妻不得位，無力，那末你今年就難免走桃花運而又要納妾了。」

「噢！原來如此！」那人說：「我自己也覺得他們說我今年有桃花運，要納妾，是不可能的，我和內子兩人彼此相親相愛，不生孩子就不生孩子，我們絕對不肯爲了生孩子去納妾，因爲納妾之後是否就會生孩子誰也不敢擔保，而納妾之後家庭不和睦，誰也可以見到的。」

「是的，你這話一點也沒有說錯，」家母舅說：「所謂命理，主要的還是『理』而不是『命』，比如說，一個國只許有一個大總統，這是法理上的規定，因此在此四年之內只能有一個大總統，不可能有兩個三個大總統；然而，我們中國有四萬萬人，難道有大總統的命的就只有一個人嗎？有好多個大總統『命』的人，卻不能不受憲法上限制，所以，縱有桃花運和納妾的『命運』而無走桃花運只納妾的『情理』，依舊是行不通的。」

於是那人就接着問：「鄭三爺，請問我的命是有甚麼格局嗎？以後到底是有子還是無子呢？」

「你這命用普通的話語說，就是有財有庫的命，有財有庫是有兩種意思：一種是有『財富』，因爲你的命有『正財』，而又有『財庫』，所以你必定會聚財積富；但有一個缺點，就是你不肯花錢，頗有吝嗇的毛病。二種是你的妻宮好，你必娶得『賢妻』，內助得力，因此，我們看八字的人，就根據這些，無疑地可以決定你是一個『妻旣賢，家又富』的人。」家母舅又繼續說：「至於子息問題，你應有兩子，且係正妻所生，只是晚子而已，須等到三十四歲之後才能得子，若在三十四歲之前得子，反而不好，因爲非此不成，豈不徒勞無功，而且多此無謂的悲傷嗎？請你不要心急，時候若到了，要子子就來，時候未到，子來也要去，這是不能勉强的事。」

接着又看那三人中最後的一個八字，因爲這是最後的一人了，頭兩人也都因家母舅推斷得太準確了，所以那位客人就更誠實地對家母舅說：「這八字是我本人的，請鄭三爺給我看看妻，財，子，祿如何？」

家母舅因爲這是最後的八字，便把他的八字比較詳細看了一下，說：「你這八字又和他們不同了。你的財雖不如他們兩人，而你的艷福卻不淺，你的夫人一定是很美麗的，因爲你的正財既得時令，而又有秀氣發出，所以，我敢斷言尊夫人是一個堪稱美人的女子。」

「鄭三爺，你的推斷一點也不差，他的太太原是愛國女學的校花哩！」那個年長的客人又繼續說，「她今年已經二十八歲，只能看得二十歲樣子，我的妹子和她同學，我認識她很早，十年來看她一點也不老，眞是一個標準的美人！」

「那就對了，」家母舅說：「無論男女命，看夫妻宮好壞是很容易看的，誰是妻美誰是妻賢，誰是妻不貞，誰是妻如虎，一看就可以看出來。」

那客人就問；「妻美固然是一種艷福，有這艷福到底是好，還是也有不好的嗎？」

「當然也有不好的，」家母舅說：「像頭先看過的那位郝先生，他的八字上也有豔福的，可以說，他的過去兩位夫人也都可稱美人；但因他自己無此豔福，所以自己就受不了，而『春色滿園關不住，一枝紅杏出牆來』了！」

「敢請鄭三爺再給我看看子息如何？」那人說，「我命中到底有幾個兒子呢？」

家母舅搖一搖頭對他說：「有幾個兒子？我僅就目前情形來說好吧？依我看法，你目前雖然結褵多年了，卻依然沒有兒女，不過，你仍然有一個——只有一個，沒有二個，而且也還比他們兩不如，你要等到過了四十歲，才可以盼望有孩子的。」

他說：「眞的嗎？如果我妻允許我討小老婆的話，我可以做的嗎？」

家母舅說：「依人之常情言，我們男人有幾個不肯討小老婆呢？但也依人之常情言，誰個女人誠心誠意的允許丈夫討小老婆的呢？所以我還勸你，千萬不要納妾，納妾了也要到四十歲以後才要生子，你今若不納妾，到了你四十歲的下半年，你就不討小老婆，你的夫人也會生子的。」

九　胡適之博士的流年吉凶

欽譽國際的我國第一流學者胡適之博士，已於一九六二年二月二十四日在台灣主持中央研究院院士會議，於傍晚酒會後，因心臟病猝發逝世了。他是一博學的哲學家，宣揚「實驗主義」，崇拜科學，當然不相信命運之事。但是，把他的「人生七十古來稀」的悠悠歲月查考一下，任他是什麽哲學家，什麽對科學崇拜者，卻也不能不受命運的支配，一生之中的順逆升沉，乃至於壽終，明顯的無一不受八字與流年的喜忌所支配，豈不奇妙！

胡博士是前清光緒十七年（一八九一年）十一月十七日未時出生於上海。原籍安徽績溪胡氏望族。他的八字是「辛卯、庚子、丁丑、丁未」足五歲起行運，運途是「巳亥、戊戌、丁酉、丙申、乙未、甲午、癸巳」，五歲起行巳亥運，十五歲起行戊戌運，二十五歲行丁酉運，三十五歲行丙申運，四十五歲行乙未運，五十歲行甲午運，六十五歲行癸巳運。他是在癸巳運的壬寅年去世的。

關于胡博士八字的格局清奇，我們可不用在這裏論述，我們只想在這裏依其五行上喜忌問題，以及他一生之中，許多順逆升沉之事，而竟奇妙地和流年有了密切的關係，明顯的使我們看出命運的安排，大有道理。

就五行的喜忌說，胡博士乃以「丁丑」爲本身，而「丁」火便是他的本命，他是出生嚴冬的十一月（子月），出生地點又是上海，十一月是水月，他的本命是火，火怕水，所以他的命理是忌水的，因爲水火是敵對的東西，凡是忌火的就喜水，凡是忌水的就喜火，這是五行喜忌的原理。

再就五行金、水木、火、土的相生相尅說，金生水，水生木，木生火，火生土，土又生金，金尅木，木尅土，土尅水，水尅火，火又尅金。因此，就大體上說，凡是忌水的也怕金，因爲金能生水；凡是喜火的也喜木，因爲木能生火。反過來說，凡是忌水的，也喜土，因爲土能尅水；凡是忌金的，也喜火，因爲火能尅金。這是五行相生相尅的道理；這道理含有化學的作用，有輕重多少之別。

中國五行之學，實具有物理和化學的原理。它是用天干的甲乙等十字，地支的子丑等十二字，作爲五行的代數符號，去計算每個八字五行上的强弱和喜忌的。

五行家把天干十字分配代表五行的是這樣：「甲乙」屬木，「丙丁」屬火，「戊巳」屬土，「庚辛」屬金，「壬癸」屬水。把地支十二字分配代表五行的是這樣「寅辰」屬木，「已午未」屬火，「申酉戌」屬金，「亥子丑」屬水，而「辰戌丑未」又屬土。依此天干地支的五行來看胡博士的八字「辛卯、庚子、丁丑、丁未」，他的本命「丁火」雖有兩個，可惜是出生于十一月嚴冬之時，不是炎夏之令，丁火本身就無力了。同時，「子丑」屬水雖然也只有兩個，然而，冬季之水乃當令之水，已非丁火之所能當，又有「庚辛」兩金並出生水，這水更旺極了。並且，「丑未」兩字是土，根據「火生土」原理，丁火的力量又被丑未兩土洩氣了，他雖靠以生身（火）的，只有一個「卯木」了。

但因嚴冬的卯木又無生氣，所以，他的八字是屬「身弱」的命，既需要火和木來助身，又需要土來制水。現在僅就天干十字來說，他所喜的是「丙丁」火，「甲乙」木和「戊己」土，而所忌的則是「壬癸」水和「庚辛」了。

現在依此道理來看胡博士的行運和流年。他是虛五歲起十年行己亥運，十五歲起十年行戊戌運，二十五歲起十年行丁酉運，三十五歲起十年行丙申運，四十五歲起十年行乙未運，五十五歲起十年行甲午運，六十五歲起十年行癸巳運的。就這此[illegible]

博士的「命」不如「運」，他的運開頭都是他八字所喜的「巳戊、丁丙、甲乙」土、火、木，而最好的則四十五歲以後的二十年是純火木運。可說就因爲行運都是他八字所喜的，所以胡博士一生下來就行好運，直到去世那年才碰壞運又是壞年。

現在根據一九六二年三月的「祖國」周刊「悼念胡適之先生專號」所刊載「胡適之先生平的事略」中的事實，依上述的命理，便可以發現許多奇妙的事情，那是完全關係於命理，而且很具體的與流年的喜忌有密切關係。

一八九一年，胡博士出生於官宦之家。第二年他的父親調職台灣，榮任台東直隸知州。一八九四年他虛歲四歲，卽行運前一年，因甲午中日戰起，正月他隨母由台灣回上海再回安徽績溪故鄉。七月他父親病故廈門。

第二年（一八九五年）乙未年，他虛歲五歲，開始行巳亥運，依「生平事略」這樣記載：「一八九五至一九〇四，在鄉讀私塾共九年。十一歲能讀古文，看御批通鑑輯覽已不吃力。」這種在巳亥運中的好成就，乃因亥雖屬水，因其中有木，而與八字上的卯未又合成「亥卯未」的木局，所以有利。

生平事略又記載：「一九〇四年春到上海，入梅溪學堂讀書」，「一九〇五年，入澄衷學堂讀書，對算學特感興趣。……在澄衷學堂讀書一年半，打下了英文和算學的基礎。」這年入澄衷學堂，胡博士十五歲，亦即開始改行戊戌運。十四歲那年是甲辰流年，十五歲是乙巳流年，十六歲是丙午年，這三年也都是他所喜的木火流年。

胡博士在上海讀足兩個上海有名的學校：一個是澄衷，一個是中國公學。（後來他曾任中國公學校長）生平事略載：「一九〇六年，暑假以後入中國公學，因鍾文恢之介，加入競業學會。以『期自勝生』的署名，在競業旬報第一期發表第一篇用白話所寫的『地理學』，後又自起別號『希疆』，在第三期上開始發表長篇章回小說『眞如島』。這是胡博士早年的出風頭時候，那年是十七歲，流年是丁未，又是火木的流年。」

生平事略又載：「一九〇八年七月，擔任競業旬報編輯。……九月因學校風潮退學，轉入新中國公學，並擔任低級各班英文課。」此年胡博士虛歲是十九歲，流年又是於他有利的已酉年。

關係胡博士一生最重要的要算二十歲那年，他考取了留美官費生，正式用「胡適」的名字。

初入康乃爾大學學農業，不久改讀文科，這年流年庚戌，庚本來非他所喜，但因下面是戌字，又正交入戌運，戌中火土多於金，與八字上的卯又合成火，與未又刑開庫中火，所以把這庚寅金成爲於他有利的「正財」了，因而從此成名，前途無限。

「一九一四年得康乃爾大學文學士學位。」二十四歲，是甲寅木火流年。「一九一五年，擔任東美中國學生會文學科學院研究部文學股委員；六月，爲「科學」作了一篇「論句讀及文字符號」的長文約一萬字，規定符號十種。這年流年是純木的乙卯歲。

就八字所喜的五行論，他的第一喜木，其次喜火，再次喜土，所以這甲寅和乙卯流年是他所喜歡最有利的，因此胡博士就在甲寅年中得了文學士學位，而在乙卯年中，依平生的事略記載說：「此時已確認白話是活文字，古文是半死文字。九月十七日在送梅覲莊赴哈佛大學的長詩中，第一次用『文學革命』這個名詞。這年，以論文得柯生獎金。九月二十日離綺色佳，進哥倫比亞大學。」

接着是丙辰年，即「九一六年，赴克利佛蘭第二次國際關係討論會，十一月中，作其著名論文「文學改良芻議一一文，分寄留美學生季報和新青年雜誌。

第二年丁巳流年，即一一九一七年，得哥倫比亞大學博士學位。應聘爲北京大學教授。是年一月，文學改良芻議發表，從此開始領導中國文學革命運動。這時是胡博士二十七歲，也正是行運在丁，所謂身弱幫身之運。

此後，他就只能保持現有的成就，沒有什麽大的進展，因爲二十五歲至三十歲是行酉金之運，原是於他不利的。因此，一九二〇年庚申年三十歲至一九二四年甲子年三十四歲，這五年中，除出版「胡適文存」第一集和第二集外，也只是當大學教授，毫無新的建樹。而且，在一九二二的壬戌及一九二三癸亥兩年都是水年中，他和丁文江共同發起創辦的「努力團報」，竟然於壬戌年的五月發刊，只發行七十五期，在第二年癸亥的十月就停刊了。誰說這不是關係於酉金之運於他的八字不利呢？

更奇怪的，一九二五年，他二十五歲，流年乙丑（木土），正又交入丙火運，他又被任爲英國賠款基金委員會委員，在丙運有利的五年中，卽他三十五歲至三十九歲五年中，其情形又如何呢？三十五歲乙丑流年，任英國賠款基金委員會委員。三十六歲丙寅流年，遊歷歐洲，返國任上海光華大學教授。三十七歲流年戊辰，至三十九歲，任上海中國公學校校長兼文理學院院長，這當然是好運的事實。

自四十歲庚午流年起，至四十七歲，頭五年行申金不利之運，胡博士只是除擔任北京大學文學院院長外，並無其他發展。奇怪的，四十五歲乙亥（純木）流年，又交入乙未的純木十年大運，四十五歲那年六月，又當選爲中央研究院一屆評議員。

接着第二年四十六歲丙子年，因爲丙火於他有利，那年出席廬山會議，從此走上了政治的宦途，在此約七八年前，上海有一本算命的書籍，其中對胡博士的評語，曾說他「四十五歲以後交入乙未運途，木火旺鄉，或當棄文字生涯而入政治界乎？」的話，這話竟於此時應驗了。

計由四十五歲胡博士被選爲中央研究院第一屆評議員之後，第二年出席廬山會議，第三年四十七歲丁丑年，赴歐洲及美國訪問，而第四年一九三八年戊寅，四十八歲起，至一九四二年五十二歲，就榮任了中國駐美大使，並任國民黨參政會參政員了。這從政之事，曾經命書預言在先；當時胡博士正是以在野之身反對國民黨的時候，想不到，若干年之後，竟然當起了國民黨政府的駐美大使呢？這事在若干年之前，不特他自己想不到，別人也不相信，而國民政府也想不到的事，竟然實現，誰說不是關係於命運呢！

我們前面曾經說過，胡博士的命途是走「木火運」最好，也就是四十五起至六十五歲止這二十年最好，因爲所行的正是「乙未」和「甲午」的木火運，所以他在這好運的頭十年，一走入宦途，就當了特任官，名揚國際。

到了乙酉年，卽抗戰勝利那年，他五十五歲，交入「甲午」運，那年他爲中國參加舊金山會議代表。十一月，爲出席聯合國教科文組織，返國後又卽榮任北京大學校長，提出「爭取學術獨立的十年計劃」，想在十年之中，建立起中國學術獨立的基礎。北京大學是首屈一指的國立大學，他首次得此榮任，顯然是甲運乙年所致。

第二年一九四六丙戌年五十六歲，及一九四八戊子年五十八歲，又兩次當選爲國大代表，並被推爲國民代表大會主席，那年的下半年，因戊子的「子」於他八字不利，所以就碰到中共攻陷華北，他離開了北京，損失了他一生唯一的也是最大的財產，二百多箱的名貴書籍。那年，國民政府遷台灣，想任他爲行政院長，他拒絕不就，只任總統府最高顧問。

爲什麽他過去已任過大使，現在反而不任行政院長呢？唯一的命運理由就是「子」年旣於他不利，而又與八字中的庚子，兩子冲了甲午運中的「午」，所以不成。

在這裏要插曲敍述一下胡博士五十九歲（一九四九）年五月赴美講學；十一月，他所主持的「自由中國」雜誌在台灣創刊，這是大家所知道的，「自由中國」因前幾年當遭案停刊了，爲什麽會有這樣的結果呢？就因爲這刊物是在那年已丑年的下半年創刊，這「丑」是水、金、土，於他五行不利的關係。

自五十九歲之後，至六十三歲(一九四九至一九五三)，流年是已丑、庚寅、辛卯、壬辰、癸巳，都是金水的流年，所以他只是在美國講學而已。六十四歲是有利的甲午年，曾回台灣講學。六十五歲乙未年，流年有利，但那年是交「癸巳」運，這「癸」是水，在運上應是他一生最不利的運，因此，那年大陸中共乃有「清算胡適思想」之事。

這「癸」運既是他最不利的運年，而自六十五歲（一九五五）之後，胡博士便開始在健康上有問題了。一九五七年，流年是丁酉，酉是金，金又能生水，那年他就在美國因胃潰瘍施行割治手術。一九五八年戊，六十八歲，因爲火土年於他有利，所以四月返台灣榮任中央研究院院長。五個月後，成立國家長期發展科學委員會並兼任主席。又任大陸設計委員會副主席等要職，這又明顯的由於流年的有利關係。

然而，到了第二年，流年是「已亥」，亥是水，所以下半年十一月，第一次因心臟病入台大醫院。明年，流年「庚子」是純金水年，於他不利，所以在三月十九日，第二次進入醫院，留醫半月。

一九六一年，是胡博士虛歲七十一，流年「辛丑」，也是金水不利之年，二月二十五日住醫，至四月二十日出院。而下半年十一月二十六日第四次入院，至一九六二年一月十日出院。一九六二年流年是「壬寅」，二月十五日，被邀出席第四次全國教育會議，未說話。會後已覺疲累，曾到台大醫院作心臟檢查，二月二十四日，因主持中央研究院院士會議，在傍晚酒會後，因心臟病猝發逝世了。

這胡博士的命運看，他的一生順逆升沉，完全關係於他五行上所喜忌的流年，他最忌的是「癸水」，而他就死於「癸巳」運中的「壬寅」（壬是水）年，這不奇怪嗎！

占筮類			
1	擲地金聲搜精秘訣	心一堂編	沈氏研易樓藏稀見易占秘鈔本
2	卜易拆字秘傳百日通	心一堂編	
3	易占陽宅六十四卦秘斷	心一堂編	火珠林占陽宅風水秘鈔本
星命類			
4	斗數宣微	【民國】王裁珊	民初最重要斗數著述之一；未刪改本
5	斗數觀測錄	【民國】王裁珊	失傳民初斗數重要著作
6	《地星會源》《斗數綱要》合刊	心一堂編	失傳的第三種飛星斗數
7	《斗數秘鈔》《紫微斗數之捷徑》合刊	心一堂編	珍稀「紫微斗數」舊鈔秘本
8	斗數演例	心一堂編	
9	紫微斗數全書（清初刻原本）	題【宋】陳希夷	斗數全書本來面目；有別於錯誤極多的坊本
10－12	鐵板神數（清刻足本）——附秘鈔密碼表	題【宋】邵雍	無錯漏原版 秘鈔密碼表 首次公開！
13－15	蠢子數纏度	題【宋】邵雍	蠢子數連密碼表 打破數百年秘傳 首次公開！
16－19	皇極數	題【宋】邵雍	清鈔孤本附起例及完整密碼表
20－21	邵夫子先天神數	題【宋】邵雍	研究神數必讀！附手鈔密碼表 研究神數必讀！
22	八刻分經定數（密碼表）	題【宋】邵雍	皇極數另一版本；附手鈔密碼表
23	新命理探原	【民國】袁樹珊	子平命理必讀教科書！
24－25	袁氏命譜	【民國】袁樹珊	
26	韋氏命學講義	【民國】韋千里	民初二大命理家南袁北韋
27	千里命稿	【民國】韋千里	
28	精選命理約言	【民國】韋千里	北韋之命理經典
29	滴天髓闡微——附李雨田命理初學捷徑	【民國】袁樹珊、李雨田	命理經典未刪改足本
30	段氏白話命學綱要	【民國】段方	民初命理經典最淺白易懂
31	命理用神精華	【民國】王心田	學命理者之寶鏡

編號	書名	作者	說明
32	命學探驪集	【民國】張巢雲	發前人所未發 稀見民初子平命理著作
33	澹園命談	【民國】高澹園	
34	算命一讀通——鴻福齊天	【民國】不空居士、覺先居士合纂	
35	子平玄理	【民國】施惕君	
36	星命風水秘傳百日通	心一堂編	
37	命理大四字金前定	題【晉】鬼谷子王詡	源自元代算命術
38	命理斷語義理源深	心一堂編	稀見清代批命斷語及活套
39－40	文武星案	【明】陸位	失傳四百年《張果星宗》姊妹篇 千多星盤命例　研究命學必備
相術類			
41	新相人學講義	【民國】楊叔和	失傳民初白話文相術書
42	手相學淺說	【民國】黃龍	民初中西結合手相學經典
43	大清相法	心一堂編	重現失傳經典相書
44	相法易知	心一堂編	
45	相法秘傳百日通	心一堂編	
堪輿類			
46	靈城精義箋	【清】沈竹礽	沈氏玄空遺珍 玄空風水必讀
47	地理辨正抉要	【清】沈竹礽	
48	《玄空古義四種通釋》《地理疑義答問》合刊	沈瓞民	
49	《沈氏玄空吹虀室雜存》《玄空捷訣》合刊	【民國】申聽禪	
50	漢鏡齋堪輿小識	【民國】查國珍、沈瓞民	
51	堪輿一覽	【清】孫竹田	失傳已久的無常派玄空經典
52	章仲山挨星秘訣（修定版）	【清】章仲山	章仲山無常派玄空珍秘 門內秘本首次公開 沈竹礽等大師尋覓一生末得之珍本！
53	臨穴指南	【清】章仲山	
54	章仲山宅案附無常派玄空秘要	心一堂編	
55	地理辨正補	【清】朱小鶴	玄空六派蘇州派代表作
56	陽宅覺元氏新書	【清】元祝垚	簡易・有效・神驗之玄空陽宅法
57	地學鐵骨秘　附　吳師青藏命理大易數	【民國】吳師青	釋玄空廣東派地學之秘
58－61	四秘全書十二種（清刻原本）	【清】尹一勺	玄空湘楚派經典本來面目 有別於錯誤極多的坊本

編號	書名	作者	說明
62	地理辨正補註 附 元空秘旨 天元五歌 玄空精髓 心法秘訣等數種合刊	【民國】胡仲言	貫通易理、巒頭、三元、三合、天星、中醫
63	地理辨正自解	【清】李思白	公開玄空家「分率尺、工部尺、量天尺」之秘
64	許氏地理辨正釋義	【民國】許錦灝	民國易學名家黃元炳力薦
65	地理辨正天玉經內傳要訣圖解	【清】程懷榮	秘訣一語道破，圖文并茂
66	謝氏地理書	【民國】謝復	玄空體用兼備、深入淺出
67	論山水元運易理斷驗、三元氣運說附紫白訣等五種合刊	【宋】吳景鸞等	失傳古本《玄空秘旨》《紫白訣》
68	星卦奧義圖訣	【清】施安仁	三元玄空門內秘笈　清鈔孤本 過去均為必須守秘不能公開秘密 與今天流行飛星法不同
69	三元地學秘傳	【清】何文源	
70	三元玄空挨星四十八局圖說	心一堂編	
71	三元挨星秘訣仙傳	心一堂編	
72	三元地理正傳	心一堂編	
73	三元天心正運	心一堂編	
74	元空紫白陽宅秘旨	心一堂編	
75	玄空挨星秘圖 附 堪輿指迷	心一堂編	
76	姚氏地理辨正圖說 附 地理九星并挨星真訣全圖 秘傳河圖精義等數種合刊	【清】姚文田等	蓮池心法　玄空六法 門內秘鈔本首次公開
77	元空法鑑批點本——附 法鑑口授訣要、秘傳玄空三鑑奧義匯鈔 合刊	【清】曾懷玉等	
78	元空法鑑心法	【清】曾懷玉等	
79	曾懷玉增批蔣徒傳天玉經補註【新修訂版原（彩）色本】	【清】項木林、曾懷玉	揭開連城派風水之秘
80	地理學新義	【民國】俞仁宇撰	
81	地理辨正揭隱（足本） 附連城派秘鈔口訣	【民國】王邈達	
82	趙連城傳地理秘訣附雪庵和尚字字金	【明】趙連城	
83	趙連城秘傳楊公地理真訣	【明】趙連城	
84	地理法門全書	仗溪子、芝罘子	巒頭風水，內容簡核、深入淺出
85	地理方外別傳	【清】熙齋上人	巒頭形勢、「望氣」「鑑神」
86	地理輯要	【清】余鵬	集地理經典之精要
87	地理秘珍	【清】錫九氏	巒頭、三合天星，圖文並茂
88	《羅經舉要》 附《附三合天機秘訣》	【清】賈長吉	清鈔孤本羅經、三合訣法圖解
89-90	嚴陵張九儀增釋地理琢玉斧巒	【清】張九儀	清初三合風水名家張九儀經典清刻原本！

編號	書名	作者	說明
91	地學形勢摘要	心一堂編	形家秘鈔珍本
92	《平洋地理入門》《巒頭圖解》合刊	【清】盧崇台	平洋水法、形家秘本
93	《鑒水極玄經》《秘授水法》合刊	【唐】司馬頭陀、【清】鮑湘襟	千古之秘，不可妄傳匪人
94	平洋地理闡秘	心一堂編	雲間三元平洋形法秘鈔珍本
95	地經圖說	【清】余九皋	形勢理氣、精繪圖文
96	司馬頭陀地鉗	【唐】司馬頭陀	流傳極稀《地鉗》
97	欽天監地理醒世切要辨論	【清】欽天監	公開清代皇室御用風水真本
三式類			
98－99	大六壬尋源二種	【清】張純照	六壬入門、占課指南
100	六壬教科六壬鑰	【民國】蔣問天	由淺入深，首尾悉備
101	壬課總訣	心一堂編	過去術家不外傳的珍稀六壬術秘鈔本
102	六壬秘斷	心一堂編	
103	大六壬類闡	心一堂編	
104	六壬秘笈——韋千里占卜講義	【民國】韋千里	六壬入門必備
105	壬學述古	【民國】曹仁麟	依法占之，「無不神驗」
106	奇門揭要	心一堂編	集「法奇門」、「術奇門」精要
107	奇門行軍要略	【清】劉文瀾	條理清晰、簡明易用
108	奇門大宗直旨	劉毗	天下孤本　首次公開 虛白盧藏本《秘藏遁甲天機》 奇門不傳之秘　應驗如神
109	奇門三奇干支神應	馮繼明	
110	奇門仙機	題【漢】張子房	
111	奇門心法秘纂	題【漢】韓信（淮陰侯）	
112	奇門廬中闡秘	題【三國】諸葛武侯註	
選擇類			
113－114	儀度六壬選日要訣	【清】張九儀	清初三合風水名家張九儀擇日秘傳
115	天元選擇辨正	【清】一園主人	釋蔣大鴻天元選擇法
其他類			
116	述卜筮星相學	【民國】袁樹珊	民初二大命理家南袁北韋 南袁之術數經典
117－120	中國歷代卜人傳	【民國】袁樹珊	

編號	書名	作者	簡介
占筮類			
121	卜易指南（二種）	【清】張孝宜	民國經典，補《增刪卜易》之不足
122	未來先知秘術——文王神課	【民國】張了凡	內容淺白、言簡意賅、條理分明
星命類			
123	人的運氣	汪季高（雙桐館主）	五六十年香港報章專欄結集！
124	命理尋源	【民國】徐樂吾	民國三大子平命理家徐樂吾必讀經典！
125	訂正滴天髓徵義		
126	滴天髓補註 附 子平一得		
127	窮通寶鑑評註 附 增補月談賦 四書子平		
128	古今名人命鑑		
129-130	紫微斗數捷覽（明刊孤本）［原（彩）色本］附 點校本 （上）（下）	馮一、心一堂術數古籍整理編校小組 整理	明刊孤本 首次公開！
131	命學金聲	【民國】黃雲樵	民國名人八字、六壬奇門推命
132	命數叢譚	【民國】張雲溪	子平斗數共通、百多民國名人命例
133	定命錄	【民國】張一蟠	民國名人八十三命例詳細生平
134	《子平命術要訣》《知命篇》合刊	【民國】鄒文耀、【民國】胡仲言撰	《子平命術要訣》科學命理；《知命篇》易理皇極、命理地理、奇門六壬互通
135	科學方式命理學	閻德潤博士	匯通八字、中醫、科學原理！
136	八字提要	韋千里	民國三大子平命理家韋千里必讀經典！
137	子平實驗錄	【民國】孟耐園	作者四十多年經驗 占卜奇靈 名震全國！
138	民國偉人星命錄	【民國】囂囂子	幾乎包括所民初總統及國務總理八字！
139	千里命鈔	韋千里	失傳民初三大命理家-韋千里 代表作
140	斗數命理新篇	張開卷	現代流行的「紫微斗數」內容及形式上深受本書影響
141	哲理電氣命數學——子平部	【民國】彭仕勛	命局按三等九級格局、不同術數互通借用
142	《人鑑——命理存驗·命理擷要》（原版足本）附《林庚白家傳》	【民國】林庚白	傳統子平學修正及革新、大量名人名例
143	《命學苑苑刊——新命》（第一集）附《名造評案》《名造類編》等	【民國】林庚白、張一蟠等撰	史上首個以「唯物史觀」來革新子平命學結集
相術類			
144	中西相人探原	【民國】袁樹珊	按人生百歲，所行部位，分類詳載
145	新相術	【美國】字拉克福原著、【民國】沈有乾編譯	通過觀察人的面相身形、色澤舉止等，得知性情、能力、習慣、優缺點等
146	骨相學	【民國】風萍生編著	結合醫學中生理及心理學，影響近代西、日、中相術深遠
147	人心觀破術 附運命與天稟	【日本】管原如庵、加藤孤雁原著，【民國】唐真如譯	觀破人心、運命與天稟的奧妙

編號	書名	作者	簡介
148	《人相學之新研究》《看相偶述》合刊	盧毅安	集中外大成，無不奇驗；影響近代香港相術名著
149	冰鑑集	【民國】碧湖鷗客	各家相法精華、相術捷徑、圖文並茂附名人照片
150	《現代人相百面觀》《相人新法》合刊	【民國】吳道子輯	失傳民初相學經典二種 重現人間！
151	性相論	【民國】余晉龢	民初北平公安局專論相學與犯罪專著（犯罪學生物學派）
152	《相法講義》《相理秘旨》合刊	韋千里、孟瘦梅	命理學大家韋千里經典、傳統相術秘籍精華
153	《掌形哲學》附《世界名人掌形》《小傳》	【民國】余萍客	圖文并茂、附歐美名人掌形圖及生平簡介
154	觀察術	【民國】吳貴長	可補充傳統相術之不足
堪輿類			
155	羅經消納正宗	【明】沈昇撰、【明】史自成、丁孟章合纂	失傳四庫存目珍稀風水古籍
156	風水正原	【清】余天藻	●積德為求地之本，形家必讀！ ●純宗形家，與清代欽天監地理風水主張大致相同
157	安溪地話（風水正原二集）		
158	《蔣子挨星圖》附《玉鑰匙》	【清】蔣大鴻等 傳	窺知無常派章仲山一脈真傳奧秘
159	樓宇寶鑑	吳師青	陽宅風水必讀、現代城市樓宇風水看法改革
160	《香港山脈形勢論》《如何應用日景羅經》合刊		香港風水山脈形勢專著
161	三元真諦稿本——讀地理辨正指南	【民國】王元極	被譽為蔣大鴻、章仲山後第一人 內容直接了當，盡揭三元玄空家之秘
162	三元陽宅萃篇		
163	王元極增批地理冰海 附批點原本地理冰海	【清】高守中 【民國】王元極	
164	地理辦正發微	【清】唐南雅	極之清楚明白，披肝露膽
165–167	增廣沈氏玄空學 附 仲山宅斷秘繪稿本三種、自得齋地理叢說稿鈔本（上）（中）（下）	【清】沈竹礽	玄空必讀經典！附《仲山宅斷》幾種鈔本及批點本，畫龍點晴、披肝露膽，道中刊印本未點破的秘訣
168–169	巒頭指迷（上）（下）	【清】尹貞夫原著、【民國】何廷珊增訂、批注	圖文并茂：龍、砂、穴、水、星辰九十九變 洩漏天機：蔣大鴻、賴布衣挨星秘訣及用法
170–171	三元地理真傳（兩種）（上）（下）	【清】趙文鳴	蔣大鴻嫡派真傳張仲馨一脈二十種家傳秘本、宅墓案例三十八圖，並附天星擇日
172	三元宅墓圖 附 家傳秘冊		
173	宅運撮要	【民國】尤惜陰（演本法師）、榮柏雲	撮三集《宅運新案》之精要
174	章仲山秘傳玄空斷驗筆記 附 章仲山斷宅圖註	【清】章仲山傳、【清】唐鷺亭纂	無常派玄空不外傳秘中秘！二宅實例有斷驗及改造內容
175	汪氏地理辨正發微 附 地理辨正真本	【清】蔣大鴻、姜垚原著、【清】汪云吾發微	蔣大鴻嫡派張仲馨一脈三元理、法、訣具體泄露 三百年來最佳《地理辦正》註解！石破天驚！
176	蔣大鴻家傳歸厚錄汪氏圖解	【清】蔣大鴻、【清】汪云吾圖解	
177	蔣大鴻嫡傳三元地理秘書十一種批注	【清】蔣大鴻原著、【清】汪云吾、【清】劉樂山註	

編號	書名	作者	簡介
178	《星氣(卦)通義(蔣大鴻秘本四十八局圖并打劫法)》《天驚秘訣》合刊	題【清】蔣大鴻 著	江西興國真傳三元風水秘本
179	蔣大鴻嫡傳天心相宅秘訣全圖附陽宅指南等秘書五種	【清】蔣大鴻編訂、【清】汪云吾、劉樂山註	蔣大鴻徒張仲馨秘傳陽宅風水「教科書」！
180	家傳三元地理秘書十三種		真天宮之秘 千金不易之寶
181	章仲山門內秘傳《堪輿奇書》附《天心正運》	【清】章仲山傳、【清】華湛恩	直洩無常派章仲山玄空風水不傳之秘
182	《挨星金口訣》、《王元極增批補圖七十二葬法訂本》合刊	[民國]王元極	秘中秘——玄空挨星真訣公開！字字千金！
183-184	《家傳三元古今名墓圖集附謝氏水鉗》《蔣氏三元名墓圖集》合刊(上)(下)	(清)孫景堂，劉樂山，張稼夫	蔣大鴻嫡傳風水宅案、幕講師、蔣大鴻、姜垚等名家多個實例，破禁公開！
185-186	《山洋指迷》足本兩種 附《尋龍歌》(上)(下)	【明】周景一	風水巒頭形家必讀《山洋指迷》足本！
187-196	蔣大鴻嫡傳水龍經注解 附 虛白廬藏珍本水龍經四種(1-10)	【清】蔣大鴻編訂、【清】楊臥雲、汪云吾、劉樂山註	蔣大鴻嫡傳一脈授徒秘笈 希世之寶 千年以來，師師相授之秘旨，破禁公開！完整了解蔣氏嫡派真傳一脈三元理、法、訣！ 附已知最古《水龍經》鈔本等五種稀見《水龍經》
197	批注地理辨正直解	【清】章仲山	無常派玄空必讀經典未刪改本！
198	《天元五歌闡義》附《元空秘旨》(清刻原本)		
199	心眼指要(清刻原本)		
200	華氏天心正運	【清】華湛恩	
201-202	批注地理辨正再辨直解合編(上)(下)	【清】蔣大鴻原著、【清】姚銘三再註、【清】章仲山直解	失傳姚銘三玄空經典重現人間！名家：沈竹礽、王元極推薦！
203	章仲山注《玄機賦》《元空秘旨》附《口訣中秘訣》《因象求義》等九種合刊	【清】章仲山	近三百年來首次公開！ 章仲山無常派玄空秘密，和盤托出！
204	章仲山門內真傳《三元九運挨星篇》《運用篇》《挨星定局篇》《口訣篇》等合刊	【清】章仲山、柯遠峰等	章仲山注《玄機賦》及章仲山原傳之口訣及筆記
205	章仲山門內真傳《大玄空秘圖訣》《天驚訣》《飛星要訣》《九星斷略》《得益錄》等合刊	【清】章仲山、冬園子等	
206	撼龍經真義	吳師青註	近代香港名家吳師青必讀經典
207	章仲山嫡傳《翻卦挨星圖》《秘鈔元空秘旨》 附《秘鈔天元五歌闡義》	【清】章仲山傳、【清】王介如輯撰	透露章仲山家傳玄空嫡傳學習次弟及關鍵不傳之秘
208	章仲山嫡傳秘鈔《秘圖》《節錄心眼指要》合刊		史上首次公開「無常派」下卦起星等挨星秘密之書
209	《談氏三元地理大玄空實驗》附《談養吾秘稿奇門占驗》	【民國】談養吾撰	了解談氏入世的易學卦德爻象思想
210	《談氏三元地理濟世淺言》附《打開一條生路》		
211-215	《地理辨正集註》附 《六法金鎖秘》《巒頭指迷真詮》《作法雜綴》等(1-5)	【清】尋緣居士	集《地理辨正》一百零八家註解大成精華匯巒頭及蔣氏、六法、無常、湘楚等秘本史上最大篇幅的《地理辨正》註解
216	三元大玄空地理二宅實驗(足本修正版)	【民國】尤惜陰(演本法師)、榮柏雲撰	三元玄空無常派必讀經典足本修正版

心一堂術數古籍珍本叢刊　第二輯書目

編號	書名	作者	說明
217	蔣徒呂相烈傳《幕講度針》附《元空秘斷》《陰陽法竅》《挨星作用》	【清】呂相烈	蔣大鴻門人呂相烈三元秘本三百年來首次破禁公開！
218	挨星撮要（蔣徒呂相烈傳）		
219-221	《沈氏玄空挨星圖》《沈註章仲山宅斷未定稿》《沈氏玄空學（四卷原本）》合刊（上中下）	【清】沈竹礽　等	揭開沈氏玄空挨星五行吉凶斷的變化及不同用法 章仲山宅斷未刪本、沈氏玄空學原本佚文、玄空挨星圖稿鈔本　大公開！
222	地理穿透真傳（虛白廬藏清初刻原本）	【清】張九儀	三合天星家宗師張九儀畢生地學精華結集
223-224	地理元合會通二種（上）（下）	【清】姚炳奎	分發兩家（三元、三合）之秘，會通其用詳解注羅盤（蔣盤、賴盤）；義理、斷驗俱精
其他類			
225	天運占星學　附　商業周期、股市粹言	吳師青	天星預測股市，神準經典
226	易元會運	馬翰如	《皇極經世》配卦以推演世運與國運
三式類			
227	大六壬指南（清初木刻五卷足本）		六壬學占驗課案必讀經典海內善本
228-229	甲遁真授秘集（批注本）（上）（下）	【清】薛鳳祚	明清皇家欽天監秘傳奇門遁甲 奇門、易經、皇極經世結合經典
230	奇門詮正	【民國】曹仁麟	簡易、明白、實用，無師自通！
231	大六壬探源	【民國】袁樹珊	民初三大命理家袁樹研究六壬四十餘年代表作
232	遁甲釋要	【民國】徐昂	推衍遁甲、易學、洛書九宮大義！
233	《六壬卦課》《河洛數釋》《演玄》合刊		疏理六壬、河洛數、太玄隱義！
234	六壬指南（【民國】黃企喬）	【民國】黃企喬	失傳經典　大量實例
選擇類			
235	王元極校補天元選擇辨正	原【清】謝少暉輯、【民國】王元極校補	三元地理天星選日必讀
236	王元極選擇辨真全書　附　秘鈔風水選擇訣	【民國】王元極	王元極天昌館選擇之要旨
237	蔣大鴻嫡傳天星選擇秘書注解三種	【清】蔣大鴻編訂、【清】楊臥雲、汪云吾、劉樂山註	蔣大鴻陰陽二宅天星擇日日課案例！
238	增補選吉探源	【民國】袁樹珊	按表檢查，按圖索驥：簡易、實用！
239	《八風考略》《九宮撰略》《九宮考辨》合刊	沈𤀹民	會通沈氏玄空飛星立極、配卦深義
其他類			
240	《中國原子哲學》附《易世》《易命》	馬翰如	國運、世運的推演及預言